音乐艺术与学前
儿童音乐教育研究

刘晓红 ◎ 著

图书在版编目（CIP）数据

音乐艺术与学前儿童音乐教育研究/刘晓红著. —北京：现代出版社，2023.6
ISBN 978-7-5231-0341-8

Ⅰ.①音… Ⅱ.①刘… Ⅲ.①学前儿童－音乐教育－教学研究 Ⅳ.①G613.5

中国国家版本馆CIP数据核字（2023）第108142号

音乐艺术与学前儿童音乐教育研究

著　　者：刘晓红
责任编辑：袁　涛
出版发行：现代出版社
地　　址：北京市安定门外安华里504号
邮　　编：100011
电　　话：010－64267325　010－64245264（兼传真）
网　　址：www.1980xd.com
印　　刷：北京建宏印刷有限公司
开　　本：880mm×1230mm　1/32
印　　张：5.625
字　　数：151千字
版　　次：2023年6月第1版　2023年6月第1次印刷
书　　号：ISBN 978－7－5231－0341－8
定　　价：58.00元

版权所有，翻印必究；未经许可，不得转载

分介绍音乐教育与学前儿童音乐教育,先讲解音乐教育相关知识,再转入介绍学前儿童音乐教育理论,使读者理解学前儿童音乐教育的相对特殊性。第三部分详细述学前儿童音乐教育各种活动,能够使读者掌握各种音教育活动的理论,也能更好地指导教学实践活动。

本书的撰写具有以下特色。一是知识性与可读性相统。本书脉络清晰,确保相关知识的准确性,同时在语言达上力求通俗易懂,增强可读性。二是实用性。本书介了一些教学方法,能为学前儿童音乐教学实践提供一定指导。

本书在撰写过程中,参考和借鉴了其他学者的相关资,在此深表谢意。由于时间仓促,水平有限,书中难免有不足,还望广大读者和专家批评指正。

作　者
2023 年 2 月

前　　言

音乐，作为艺术的一个门类，它的产生与着人类文明历史前进的。人类生活离不开音乐思想感情要借助于音乐。音乐教育产生于人类过教与学的手段来传播音乐，这就标志着人类自在阶段宣告结束，从此进入了一个通过传授与传承、提高和发扬音乐艺术的阶段。

学习音乐是学前儿童的一种重要生活内容式。如果没有音乐，那儿童的生活会是怎样的平没有音乐，那儿童的情感该怎样来释放和交流？的音乐活动中，学前儿童的生活总是充满快乐，根血管和每个细胞都在不停地跟着音乐律动。热爱每个儿童的天性，但什么样的音乐教育能更为有效他们身心健康、和谐快乐地成长？教师应怎样通过与个性化的音乐活动为学前儿童的发展提供适时适导与支持？教师在组织各类音乐活动中常会遭遇碍，该如何进行消解……为了解决这些问题，推动童音乐教育的发展，特撰写此书。

本书的内容分为三大部分。第一部分阐述音乐基础理论知识，能够使读者基本认识和了解音乐艺

目　录

第一章　音乐艺术基础知识 ………………………… 1
 第一节　音乐艺术的类型与特征 ………………………… 1
 第二节　音乐艺术的内容与形式 ………………………… 15
 第三节　音乐艺术的功能 ………………………… 22

第二章　音乐教育概述 ………………………… 31
 第一节　音乐教育的本质 ………………………… 31
 第二节　音乐教育心理 ………………………… 37
 第三节　音乐教育审美 ………………………… 46
 第四节　音乐教学的原则 ………………………… 52

第三章　学前儿童音乐教育概述 ………………………… 59
 第一节　学前儿童音乐教育的含义 ………………………… 59
 第二节　学前儿童音乐教育的特点与目标 ………………………… 64
 第三节　学前儿童音乐教育活动的设计 ………………………… 71
 第四节　学前儿童音乐教育的方法 ………………………… 75

第四章　学前儿童音乐歌唱活动 ………………………… 87
 第一节　歌唱活动的教育内容 ………………………… 87
 第二节　歌唱活动的材料 ………………………… 89

第三节　歌唱活动的设计与指导 ·················· 94

第五章　学前儿童音乐韵律活动 ·················· 100
　　第一节　韵律活动的教育内容 ····················· 100
　　第二节　韵律活动的材料 ···························· 110
　　第三节　韵律活动的指导 ···························· 114

第六章　学前儿童打击乐演奏活动 ············· 119
　　第一节　打击乐演奏活动的教育内容 ········· 119
　　第二节　打击乐演奏活动的教学方法与设计、指导 ······ 128

第七章　学前儿童音乐欣赏活动 ················ 139
　　第一节　音乐欣赏活动的内容 ····················· 139
　　第二节　音乐欣赏活动的选材 ····················· 141
　　第三节　音乐欣赏活动的指导 ····················· 145

第八章　学前儿童音乐游戏活动 ················ 154
　　第一节　音乐游戏活动概述 ························ 154
　　第二节　音乐游戏活动的设计与指导 ·········· 161

参考文献 ··· 169

第一章 音乐艺术基础知识

第一节 音乐艺术的类型与特征

一、音乐艺术的类型

音乐既是听觉艺术,又是表演性极强的艺术。它的实践由创作、表演、理论研究及音乐评论、教育四个方面组成,其中表演,即音乐演奏(演唱)是音乐以实际音响对听众(观众)起作用,实现其本身功能的必不可少的重要环节。音乐在表现方式上与非表现艺术存在着很大的区别。音乐必须通过表演才能把作品传达给欣赏者,音乐表演是音乐创作与音乐欣赏之间不可或缺的一个环节,作曲家创作的音乐作品,由表演者演唱或演奏,最后被听众聆听欣赏,进而深入了解作者和表演者的内心世界,达到情感共鸣,这就是音乐艺术的魅力所在。音乐按照表演时所采用的物质手段的不同,可以分为声乐和器乐两大类。

(一)声乐

声乐是人们用歌声来表达思想感情的一种音乐艺术活动。声乐艺术将艺术化的嗓音、语言化的旋律和声腔与语言高度融合,形成了一种独特的听觉审美感受。声乐艺术以人为中心,包含生理、心理、物质、精神等方面的因素,能够通过生动的表演,灵活处理技术与文化诸方面关系,从而产生视觉美观,表现音乐与其文学的寓意与意境,抒发人的内在情感。对于声乐艺术而言,唱歌只是其表层意义的概念,其本身具有科学理论、艺术规格、技能训练及审美表现等体系及学科属性,对歌唱者的能力、素养、情操方面都有较高要求。

声乐是表演者内心的印象、认识、感情、感想、愿望的一种表达，抒解和信息的输出，既满足了歌唱主体一定程度的精神需求，又使听众客体的内心得到疏解和疗愈。主体的表达能对客体产生情感的共鸣，并使其情绪高涨，继而产生出表达和行动的要求，这就是声乐的双向功能，使人们充分表达和享受艺术美。

1. 人声分类

在歌唱艺术中，通常把人声分为女高音、女中音、女低音，男高音、男中音、男低音和童声。

女高音中又可分为抒情女高音、戏剧女高音和花腔女高音。抒情女高音音色柔和、优美；戏剧女高音音色厚实、有张力；花腔女高音音色脆亮、轻巧灵活，适合演唱快速、华丽以及带各种跳音和装饰音并富有表现力的作品。女中音的音色柔和，音质厚实，中音区声音响亮有力。女低音的音色温暖柔和，低音区的音质浑厚、沉实。

男高音可分为抒情男高音和戏剧男高音。抒情男高音的音色明亮柔和、舒展流畅；戏剧男高音的音色明亮昂扬、激越雄壮。男中音的音色浑厚柔和、富有质感。男低音的音色浓厚深沉、雄浑有力。

2. 唱法

在我国，唱法主要分为美声、民族、流行、原生态四种。

（1）美声唱法。

美声唱法的技巧在于喉头保持吸气位置状态下，呼出气流吹响声带，使打开的共鸣腔体能够完全、均匀共鸣，美声区别于其他唱法的最主要的特点，就是美声唱法是混合声区唱法。它以音色优美、发音自如，音与音的连接平滑、匀净，花腔装饰，乐句流丽、灵活为其特点。美声唱法对世界声乐的发展有着深远的影响。

(2) 民族唱法。

民族唱法是由我国各族人民按照自己的习惯和爱好，创造和发展起来的歌唱艺术的一种唱法。民族唱法包含我国的戏曲唱法、说唱唱法、民间歌曲唱法和民族新唱法这四种唱法。民族唱法既是从戏曲、曲艺、民歌这些民族传统唱法中提炼和继承下来的，同时又借鉴和吸收了美声唱法的技术与风格。民族唱法强调语言与音乐的关系，根据演唱语言的发音规律来处理发声、共鸣、行腔，在演唱时，如果能用方言则更能表达其内容与色彩，但是方言与汉语普通话的总规律是相同的，讲究"以情带声""以字带音"、字正腔圆、声情并茂。因此，语言规律的差别以及对咬字、吐字，语言在演唱上的不同处理与强调程度，是民族唱法和美声唱法的主要区别。民族唱法以唱民歌或民歌风味的歌曲为主，具有民族的气质和风格，语言生动，感情质朴，深受广大群众的喜爱。

(3) 流行唱法。

流行唱法（又称通俗唱法），20 世纪 30 年代得到广泛的流传，但是在我国是 80 年代才兴起的。其特点是利用自然嗓音，加进轻声、气声以及颤音、滑音等装饰性技法来增强演唱的表现力，这种唱法追求自然，擅长抒发以个人为主体的内心感情。中声区使用真声，高声区一股使用假声。很少使用共鸣，故音量较小。演唱时必须借助电声扩音器，演出形式以独唱为主，常配以舞蹈动作，追求声音自然甜美，感情细腻真实。流行唱法以唱法、风格、流派、表现形式的多样化，满足了人们不同的审美需求。

关于流行唱法应该怎样分类，各有各的见解。从地域风格来说，可划分为欧美唱法、日韩唱法、中国本土唱法等；从发声角度来看，可分为气声唱法、直声唱法、喊声唱法、哑声唱法等。流行唱法的风格也是多种多样的：有的自然朴实，有的充满活力，有的轻柔抒情，有的狂放粗犷；不同国家、不同民族、不同地域有不同的演唱风格；不同的个体、不同的组合、不同的群体有不同的演唱风格；就是同一个人在不同时期其演唱风格也会不同。流行唱法的表现形式也是多种多样的：独唱、组合、边弹边唱、边唱边舞等。在演唱中歌手手持话筒或手握话筒杆是流行唱法在表演中的一个特点，用话筒可以使演唱的声音与伴奏的声音保持平衡，使歌声清晰地传送到听众中去。

（4）原生态唱法。

原生态民歌产生于我国各民族人民的生产生活实践，是本民族生活环境下老百姓的一种自然表达。原生态唱法最初只在我国民间极少数人的口中流传，但分布广泛。因其有着独特的形式、质朴的情感和天然的唱法，深受广大听众的喜爱。它的发声原理类似于新生儿的哭声，哭声的发声位置恰恰是在人体的胸腔。原生态唱法一般未经过专业训练，表现的是原汁原味的民间歌唱形式。演唱者使用本民族的语言，穿着本民族的服装，由本民族独特的乐器伴奏，能够体现出本民族的独特风格。原生态唱法的问世对于我国民族声乐的未来乃至对世界声乐的发展都将起到承前启后的作用。

3. 演唱形式

根据人数的多少和音乐结构的性质，可将演唱分为独唱、齐唱、重唱、对唱、领唱、表演唱及合唱等形式。

（1）独唱。

一人演唱，并且用乐器、乐队，或人声加伴奏，或伴唱，称为"独唱"。人声分类中的任何声部都可以担任独唱。独唱要求演唱者有较高的艺术素养和较好的歌唱技巧，独唱者既是音乐作品的解释者，也是表现者，其直接运用"声"和"情"对音乐作品进行艺术的再创造。

（2）齐唱。

很多人一起按同度或八度音程关系同时演唱同一首歌曲称"齐唱"。齐唱的人数多少不限，可以是男女混声齐唱，也可以是男声齐唱或女声齐唱。齐唱时，可以用乐器伴奏，也可以不用乐器伴奏。齐唱要求歌声整齐、统一、洪亮。齐唱歌曲大都富于战斗性和号召力，是群众歌咏活动中的主要表现形式。

（3）重唱。

多声部的歌曲每声部只有一人（或二人）演唱的，称为"重唱"。按照声部与人数的不同分为男女声二重唱、男声或女声重唱（包括二重唱、三重唱、四重唱）等形式。重唱和对唱相比的主要区别就在于，重唱是以多声部（两个声部或两个声部以上）的形式出现。但是有的歌曲往往将对唱和重唱结合在一起，例如，黄河大合唱中的《河边对口曲》，先是甲、乙两两男声对唱，然后将甲、乙两个曲调叠置起来，组成重唱。

（4）对唱。

两个人或两组人作对答式的演唱，称为"对唱"。按声部的不同可分为：女声对唱、男声对唱和男女声对唱等，也有两歌者的对唱。对唱大多是单声部歌曲，气氛热烈而欢快。我国乡间尤其是少数民族地区，对唱通常是青年男女表达爱情的重要方式。

（5）领唱。

领唱是安排在齐唱或合唱的开始部分或中间部分的独唱，因该独唱具有引领众人歌唱的作用，故称"领唱"，一般由一人至数人担任。领唱部分一般与齐唱或合唱部分构成呼应，形成对比。

（6）表演唱。

表演唱指的是边唱边做动作，它既要有舞台表演（动作）的技巧，又要有唱腔的设计，它以带有表演动作的说唱来叙述故事、塑造人物、表达思想感情、反映社会生活。表演唱一般以叙述为主，代言为辅，具有一人多角、多人多角的演唱特点，地方特色鲜明，最富有群众性。表演唱演出人数较少、道具简单、形式多样，与民间音乐及各地方言有着密切的关系。

（7）合唱。

合唱是指集体演唱多声部声乐作品的艺术门类，常有指挥，可有伴奏或无伴奏。常见的合唱形式有混声二部合唱（由男女声混合组成）、混声四部合唱（由女高、女低、男高、男低四个声部组成)、同声合唱(分男声、女声、童声的二部和三部合唱)等形式。合唱一般使用钢琴或乐队伴奏,但也有不用乐器伴奏的,称为"无伴奏合唱"。声部的数量没有特别规定,一般有四个声部,多为男高音区、男中低音区、女高音区、女中低音区。它要求单一声部高度统一,要求声部之间旋律的和谐,是普及性最强、参与面最广的音乐演出形式之一。

4. 声乐作品的体裁

(1) 歌曲的体裁。

①抒情歌曲。指具有抒情性、歌唱性,曲调优美流畅,节奏自由舒展,表情细腻,善于表达人们内心世界特点的歌曲。

②进行曲。一般都具有配合行进步伐的成双节拍,节奏鲜明,句法规整,结构方整。曲调大都爽朗、有朝气。

③劳动歌曲。曲调质朴,节奏性强,往往与一定工种的劳动节奏相联系。短句多,常加上"哎嗨""哟嗬"一类的衬字、衬词。

④舞蹈歌曲。曲调欢快活泼,节奏鲜明,结构规整,适合载歌载舞,往往富有鲜明的民族特色。

⑤叙事歌曲。指用歌来叙述故事的歌曲。有情节性,一般都比较口语化,词曲结合得比较严密,唱起来明白如话,娓娓动听;常吸收民歌、曲艺、戏剧的音调,往往多次反复或变化反复,演唱多段歌词。

⑥讽刺歌曲。指用讥讽或嘲笑的手法揭露消极、落后事物的歌曲。歌词与曲调都比较夸张,曲调与语言结合紧密。

⑦诙谐歌曲。指用风趣的歌词逗人取乐的歌曲。如果说讽刺歌曲是漫画,那么诙谐歌曲就是幽默画。

(2) 我国民歌的体裁。

我国民歌的体裁类别非常丰富,归纳起来,大体可分为号子、山歌、小调三大类。

①号子是产生在体力劳动过程中的民歌。多种多样的生产劳

动，产生了各种不同的号子，有搬运号子、农事号子、船渔号子等。号子的节奏比较固定，律动感很强，音调铿锵有力，豪迈朴实。

②山歌是产生在山野劳动生活中的民歌，可称为"山野之歌"。某些地区的山歌有固定的名称，例如，陕北的信天游、青海的花儿、内蒙古的牧歌等。山歌的节奏较自由，音调悠长、高亢、嘹亮，具有无拘无束抒发感情的特点。

③小调是产生在日常生活或休息娱乐、风俗节庆中的民歌。小调的发展多与城镇相联系，反映城市和乡村音乐文化的相互影响与密切联系。可以说，小调是"里巷之歌"。民间艺人对小调的发展有着重大的影响。小调的音乐大多婉转、细腻，结构完整，表现手法丰富。

(二) 器乐

器乐指的是用乐器演奏的音乐。器乐包括从独奏到合奏各种演奏形式，并随着器乐艺术的发展而形成众多的器乐体裁。

1. 乐器

乐器是提供给演奏者演奏音乐的器具。乐器可以分为民族乐器和西洋乐器两种。

(1) 民族乐器。

我国的民族乐器有几百种，常用的乐器可以分为吹管乐器、弹拨乐器、拉弦乐器和打击乐器。

①吹管乐器。吹管乐器主要由竹、木制成，发音原理很像西洋乐器的木管乐器，分两种，即无簧的和有簧的。无簧的以笛和箫为代表，有簧的以唢呐和笙为代表。吹管乐器大多数声音较响亮，色彩较鲜明，能够演奏出流畅悠扬的旋律，在民乐合奏当中占有非常重要的地位，常常用来演奏主旋律。吹管乐器根据其发音方法不同，一般分为三类：第一，气息经过吹孔，引起管体的振动而发音

的，如笛子、箫、埙等；第二，气息经由簧片，引起管体的振动而发音的，如笙、巴乌等；第三，气息经过哨子，引起管体的振动而发音的，如唢呐、管等。

②弹拨乐器。弹拨乐器也是很古老的中国乐器类。琴、筝、瑟早在周秦时代就有了。汉代的箜篌、阮，隋唐的琵琶，元代的三弦，明代的扬琴等，不仅在古代音乐史上占有颇为重要的地位，也是现代民族乐器中极有特色和很重要的一部分。除了弹奏体鸣乐器之外，多为弹奏弦鸣乐器，且多为有共鸣箱的间接弹奏弦鸣乐器。弹拨乐器按不同形制、性能和演奏方法，可分三类：抱握弹奏类，如琵琶、柳琴、月琴、阮、秦琴、三弦等；平置弹奏类，如古琴、筝等；打弦乐器类，如扬琴等。

③拉弦乐器。拉弦乐器一般是用马尾毛摩擦琴弦而发声，因其音色柔美，善于润腔装饰，音色近人声，表演功力丰富，擅长于抒情性、歌唱性的旋律，故运用十分普遍。拉弦类乐器主要有二胡、中胡、高胡、京胡、板胡、坠胡、四胡等，以及蒙古族的马头琴，藏族的根卡，新疆的萨塔尔、艾捷克，侗族的格以琴（牛腿琴）等，近年来还有多种改革的拉弦乐器，尤其是低音乐器，如革胡等。

④打击乐器。打击乐器指的是以打击振动物体为音色的乐器。打击乐器是我国民族乐器中非常有自身特色的乐器。根据打击乐器的制作材料、乐器形制和音响效果，大致可以分为：锣类、鼓类、钹类、板梆类和其他类。锣类有大锣、小锣、云锣、舟山锣等，鼓类有大鼓、小鼓、排鼓、定音鼓、板鼓等，钹类有大钹、中钹、小钹等，板梆类有板、梆子、木鱼等，其他类有碰铃、编钟、编磬等。打击乐器按音高可分定音和不定音两类。定音类有云锣、定音鼓、排鼓、编钟、编磬等；不定音类可按音区分高音、中音和低音三种，高音的有木鱼、板、梆子、板鼓、碰铃等，中音的有中钹、京锣、编鼓等，低音的有大鼓、大钹等。打击乐器最大的特点是音量大，音色多元化，节奏感非常强，因此打击乐器在烘托气氛方面

有着特殊的表现作用。

(2) 西洋乐器。

常用的西洋乐器有：键盘乐器、弓弦乐器、吹管乐器、弹拨乐器、打击乐器等。

①键盘乐器。键盘乐器指的是具有排列有序的琴键的乐器。每个琴键都有固定的音高，因此皆可用以演奏任何符合其音域范围内的乐曲。键盘乐器通常在琴键下设置了共鸣管或其他可供共鸣之装置，按下琴键时，乐器内的机械机构或电子组件产生声音。相对于其他乐器家族，键盘乐器有着不可比拟的优势，即宽广的音域和可以同时发出多个乐音的能力。键盘乐器具有丰富的和声效果和管弦乐的色彩，因此非常受音乐家和作曲家的喜爱，常见的键盘乐器有钢琴、管风琴和手风琴等。

②弓弦乐器。西方弓弦乐器顾名思义：由弓与弦组成的乐器，是以弓擦奏琴弦而发音的弓奏弦鸣乐器，所以又称为拉弦乐器。弓弦乐器一般多为竹木与丝弦的组合。弓弦乐器都有指板、码子、木质共鸣体、弓和弦，它们发出的声音由于接近人声，因此常把提琴与人声中的四个声部作比较。提琴中的小提琴相当于女高音；中提琴相当于女中音；大提琴的高音区相当于男高音，中音区相当于男中音，低音区相当于男低音。弓弦乐器的音色统一，有多层次的表现力。合奏时澎湃激昂，独奏时温柔婉约，又因为丰富多变的弓法（分弓、连弓、跳弓、断弓等）而具有灵动的色彩。

③吹管乐器。西方吹管乐器分为木管乐器和铜管乐器。木管乐器按照发声媒介，可以分为无簧气鸣乐器（长笛、短笛、中音长笛、低音长笛）、双簧气鸣乐器（双簧管、英国管、抒情双簧管、海克尔管、大管、低音大管）、单簧气鸣乐器（单簧管、低音单簧管、萨克斯管）。铜管乐器包括圆号、小号、中音号、短号、长号、次中音号、上低音号和低音大号等。它们声音的共同特点是高亢、嘹亮，音响洪亮有力；音质浓厚，色彩鲜明；极富号召力，音量也很大。它们不仅能吹奏庄严、雄伟、有气魄的英雄般的乐句，也可

以演奏抒情、宽广、柔美的旋律,可刚可柔。

④弹拨乐器。西方弹拨乐器包括吉他和竖琴。吉他拥有许多独特的演奏技巧,特别是古典吉他以其细腻、柔美、独特的音色,丰富的表现力及多声部的和声效果著称。吉他演奏形式多样,可独奏、合奏、重奏、协奏、伴奏、自弹自唱等。吉他可以演奏和表现各种风格、各种内容和各种主题的音乐。竖琴具有无与伦比的美妙音色,尤其在演奏琶音音阶时更有行云流水之境界。它由于丰富的内涵和美丽的音质,成为交响乐队以及歌舞剧中特殊的色彩性乐器。竖琴的外形精致、优美,极富艺术性气质。

⑤打击乐器。西方打击乐器分为两类:无固定音高的与有固定音高的。无固定音高的有大鼓、小鼓、钹锣、三角铁、木鱼、铃鼓、康加鼓等;有固定音高的有定音鼓、钢片琴、高中低音木琴等。只要机械性振动是通过打击、摇动甚至刮擦(如洗衣板)等方式产生的,都属于打击乐器。

2. 演奏形式

器乐的演奏形式由人数的多少、乐器的种类和乐曲的体裁等来确定,可分为独奏、齐奏、重奏、合奏等。

(1) 独奏。

独奏指的是由某一件乐器单独演奏(如小提琴、单簧管、小号、钢琴的独奏等)。独奏者往往要有较高的演奏技巧和一定的音乐修养。独奏乐曲不仅要有完整的音乐形象和细致的感情表达,还应当充分发挥乐器的性能。

(2) 齐奏。

由多人运用多件乐器演奏同一曲调的演奏形式,如小提琴齐奏、二胡齐奏等。

(3) 重奏。

重奏,即用两件或两件以上的乐器,同时每件乐器演奏不同的旋律,每个声部均由一人演奏且各声部具有相对独立性的多声部器乐曲演奏。按声部或人数分类，有二重奏、三重奏、四重奏等；按所用乐器分类，有弦乐四重奏、管乐五重奏、钢琴四重奏、小提琴二重奏、铜管乐五重奏、弹拨乐五重奏、丝弦五重奏等。

（4）合奏。

合奏，即使用多种乐器进行多声部乐曲演奏。合奏中由于各种乐器有着不同的音域、音色和音量，因此综合起来演奏就有着多种色彩的变异，音响效果丰富而富有表现力。乐器的配置因乐队条件或作品需求而有所不同，主要可分为以下三种：弦乐合奏，是由弦乐组成的合奏；吹奏乐合奏，是由木管、铜管和打击乐器，以及有时再加一把低音提琴组成吹奏乐合奏，一般称为铜管乐队，如军乐队就属于此类，此类合奏洪亮雄壮，富有战斗气概；管弦乐合奏，又称交响乐合奏，是所有合奏音乐中表现力最丰富的一种形式，其音域宽广、音色丰富，主要用以演奏交响曲、交响诗、协奏曲等，也常用以伴奏歌剧、舞剧、大合唱等。

3. 器乐作品的体裁

器乐作品的体裁是丰富多样的，其中有的器乐作品体裁还与声乐作品的体裁相关联，例如，舞曲、组曲、奏鸣曲、交响曲等。

（1）舞曲。

以舞蹈节奏为基础而写成的、不以伴舞为目的且具有较高艺术性的、供人们欣赏用的音乐会器乐曲发展成了一种新的器乐体裁——器乐舞曲。由于这种为舞蹈伴奏的音乐配合有规律的舞蹈动作，因此比起其他体裁的音乐，舞曲有着更为整齐清晰的形式结构和鲜明统一的节奏，并且还常常贯穿着富于特性的节奏音型。后来，舞曲包括以舞蹈节奏为基础而写的器乐曲在内的乐曲，已经不只以伴舞为目的，而是专为在音乐会上演奏而创作，具有较高的艺术性。

我国民族舞曲有的是边歌、边奏、边舞的，如汉族的秧歌、藏族的锅庄、维吾尔族的赛乃姆等；有的渐渐变为单独供乐队演奏的舞曲，如蒙古族的安代舞曲、维吾尔族的木卡姆等。

西方舞曲有六种常见的舞曲体裁。①小步舞曲，小步舞曲形式严谨，节奏平滑，旋律优美而富于表情，通常由三部分组成：第一和第三部分相同，音乐欢快有力，中间部分比较优雅恬静，有时只用三件木管乐器演奏，因此这一部分有"三声中部"的称号。

②加伏特舞曲，音乐轻快、娇媚、典雅，中速，2/2或4/4拍子，旋律流畅悦耳（多用旋律装饰的手法），并往往从弱起小节开始，结束在强拍上，结构大都为复三部曲式，中间常插入一段以持续音为衬托的具有风笛特色的音响。

③玛祖卡舞曲，中速、三拍子，重音变化较多，强拍常落在第二拍甚至第三拍上，情绪活泼热烈。

④波尔卡舞曲，一般为二拍子，三部曲式，节奏活泼，曲调热情而富于朝气，有的还带有幽默和戏谑的情趣。

⑤圆舞曲，具有三拍子旋转、滑行的特点，旋律大都悠扬起伏、流畅，节奏鲜明，速度有快速的、中速的和慢速的，情趣多种多样，有的轻快热烈，有的优美抒情，有的柔和沉思，维也纳乐派的圆舞曲常采用套曲的形式。

⑥探戈舞曲，中速，旋律与伴奏常形成交错节奏，有明显的切分节奏特色。

（2）组曲。

组曲是一种套曲形式的器乐曲或交响曲，在统一的艺术构思下，乐曲间有着内在的联系，同时又各自独立。组曲分为古典组曲和现代组曲两类。古典组曲由各种舞曲联结而成，如巴赫的《法国组曲》等。近代组曲有从大型作品（舞剧、歌剧、电影音乐）中选出片段，连缀而成的作品，如柴可夫斯基的《天鹅湖》组曲与格里格的《培尔·金特》组曲。现代组曲包括集锦式组曲、独立的标题性组曲、特性曲组曲、民族风格的组曲、仿古组曲这五类。

（3）奏鸣曲。

奏鸣曲由三四个相互形成对比的乐章构成，用一件乐器独奏，如钢琴奏鸣曲等；或者用一件乐器与钢琴合奏，如小提琴奏鸣曲（小提琴与钢琴合奏）、长笛奏鸣曲（长笛与钢琴合奏）等。奏鸣曲、交响曲和协奏曲是同一类型的器乐套曲。它们和组曲相比，结构更加严谨。奏鸣曲通常由四个各具特色的乐章组成，也有三两个，甚至一个乐章的奏鸣曲。

（4）交响曲。

交响曲是一种富于戏剧性的大型管弦乐套曲。简单地说，交响曲是由管弦乐队演奏的奏鸣曲。交响曲与其他音乐体裁相比，它的结构庞大，色彩绚丽，音响丰满，发展充分，能够通过多种音乐形象的变化发展来深刻地揭示人的情感、心态、体验和种种矛盾冲突。交响曲和奏鸣曲一样，通常包含四个独立的乐章，但是各个乐章之间又是互相联系的。它们按照一定的关系先后排列，构成一个艺术整体。

二、音乐艺术的特征

（一）听觉性

声音需要依靠人的听觉去感受，因此音乐是一种听觉的艺术。音乐是以旋律、节奏、节拍、力度、速度等多种外部形态的有机结合，构成完美的音乐形式，作用于人的听觉感知，可以引起情绪反应和情感体验。听觉感知是音乐审美最基本的要素，对于欣赏者来说，音乐首先是提供一种感受，并且这种感受是在听觉的直观中获得的。音乐艺术的主要传播方式是声音，声音只为听觉接受。因此，人们说音乐是通过耳朵进入人的心里，并引起灵魂深处的共鸣。

（二）时间性

音乐作品是在时间中展现与发展的，音乐表演要占用具体的时间，并且在音乐进行中休止符所表示的音响暂停与间隙，虽然没有声音，但同样占有一定的时间，这就是音乐的时间性特征。音乐作品是人们对音乐材料进行旋律、节奏、音程、和声、调式、调性以及配器等一系列加工，最后按照人们设计的速度，通过运动来实现的，也可以说音乐是在运动中产生的。音乐是一种时间艺术，伴随时间而发生、发展、流逝，是一次性的。音乐的时间性使音乐成为一种遗憾艺术，歌唱家、演奏家在特定的环境、特定的情绪下对音乐作品的理解和表现永远不会完全相同，他们精彩的演绎永远都是一次性的。

科学技术的不断进步，为音乐的再现提供了广阔的空间，音乐再现的手段大体上可分为两大类：创作再现和固定再现。所谓创作再现，指的是音乐作品只有通过表演者的演唱、演奏才能使听众体会、感受到音乐的形象。每一次现场演出都不是丝毫不差的重复，而是表演者一次新的创作过程，叫作二度创作。固定再现是科学进步的产物。现代科学技术的发展，从留声机、电唱机、录音机，到CD、MP3，再到电影、电视、录像等设备，实现了让听众身临其境般感受作品演出气氛的过程。

（三）情感性

音乐能够对人的心灵产生震撼的力量，它凭借丰富的内涵、变幻莫测的想象、广阔无垠的音乐语言来表达喜怒哀乐，借助人们的听觉，走进其内心世界。这就是音乐艺术的情感性特征。音乐在表现人的情感方面，其生动性、深刻性、细腻性是无与伦比的。音乐被人们称为"情感语言"，也是人类的共同语言，"借声传情"是音乐艺术的特殊表现手段。创作音乐需要把情感升华为音乐语言，表演音乐需要把情感融入音乐之中，而欣赏音乐需要体验音乐中内含的情感。

第二节　音乐艺术的内容与形式

一、音乐艺术的内容

（一）音乐性内容

音乐艺术中的音乐性内容指的是音乐中那些不需要想象参与，凭听觉感官就能直接感受到的内容。这些内容概括为基本情绪、风格体系和精神特征三类。

无论什么地区、什么人种，人们对音乐中基本情绪的体验是共同的，音乐是人类感情的共通语言。听众聆听音乐，首先接触到的是乐曲的音响，同时还会感受到乐曲的基本情绪，它是音乐情感最表层的表现形式，这就是人们对音乐中基本情绪的体验。基本情绪是"音乐性内容"的表层，它是纯感觉的产物，不需要有理性的因素介入。而风格体系并非单纯依靠感性所能体会到的，它需要人们去归纳、去分析，即在感受的过程中需要理性因素的介入。风格体系并非大众化，而是在"音乐性内容"中带有专业性因素的内容部分。人们对于音乐风格体系的归纳和分析能力，并不完全是天生的，而往往需要经过后天的专业性学习。精神特征是"音乐性内容"中又一个重要方面。人们欣赏音乐时的审美活动可分为四个阶段，即音响感知—想象与联想—情感体验—理解认识。精神特征是在音乐欣赏活动的高级阶段完成之后才能被感知的，因此它是理性化的产物，建立在理性思维和感性认识基础之上的。当听众欣赏一些基本情绪不很鲜明、内涵比较深刻、形式比较庞大、总体精神比较难以把握的乐曲时，如交响曲、交响诗、哲理性较强的钢琴奏鸣曲等，就很少有那种直接的生理反应。只有当欣赏者完成了对乐曲的理性思考和理解之后，才能把握音乐作品的精神特征。

（二）非音乐性内容

具有高层次欣赏水平的听众在欣赏音乐的时候，常常会沉浸在音乐之中，陶醉在音响所营造的氛围里。能达到这种境界，说明其已获得了深层次审美愉悦，体味到了音乐内容的另一部分——音乐中的"非音乐性内容"。"非音乐性内容"主要是指那些音乐之外的内容，不包含在音乐的音响之内，是由于音响而产生想象或联想所获得的"内容"（审美体验），包括两种：绘画性内容和文学性内容。

绘画性内容指的是通过听觉想象而获得的各种视觉形象及画面感。从音乐作品的实际情况看，作曲家或直接取材于某些绘画作品，或以具有画面色彩的标题给作品命名，或在无标题音乐作品中描绘众多的视觉形象。听众欣赏这些音乐作品时，依据与其有关的绘画作品或画面性标题的提示，展开丰富的想象和联想，由具体的绘画作品中所提供的形象，在脑海中去捕捉和再创造出明晰的音乐艺术形象，或者从音乐旋律中感受到绘画性的形象表征。音乐可以表现绘画性的内容，是因为音乐也具有某些绘画性的因素。首先，是线条。在音乐旋律中，音响的强弱高低、节奏快慢，实质上等同于画笔在时间坐标中勾勒出的波浪线。当然，音乐中的所谓线条是抽象的，它所体现出来的仅仅是旋律的一种抽象运动方向。其次，是色彩。音乐的色彩实际上是音响的色彩。音响色彩是指音乐中运用音响组合的各种手段、方式，通过配器法，为节奏、旋律、和声"着色"。最后，音乐还具有一定程度上的造型性。音乐是流动性的乐音运动，其造型并非像绘画那样，用线条和色彩在二维平面上组合成某种特定的图形。音乐的造型是无形的音响造型，是在旋律中凭借特定的音响组合，象征性地给欣赏者以前后、左右、上下的三维立体空间感觉。

文学性内容是指通过听觉想象而获悉的各种事态发展的过程及情节。音乐中的文学性因素有过程、冲突和抒情等。音乐和文学最本质的区别是，文学展开的是客观世界的过程，音乐展开的是主观世界的过程。音乐为听众的文学性联想提供了过程的依据。正因为如此，人们才能从音乐中感受到富有过程性的文学性内容。文学的抒情主要表现在三方面，即表达感情、描写感情和借景抒情。音乐的抒情没有明显的主观表达，也没有绝对的客观描述，它介于两者之间。文学的抒情往往有具体的对象，它所运用的语言表达也同样清晰明了；音乐的抒情则是一种概括性的表达，特别是器乐曲，它似乎是作曲家所有的生活感受和艺术经验的集中体现，即使是那些有所指的标题音乐，当它通过音响把抒情内容表达出来时，也只能是概括性的。

音乐艺术的内容无论是"音乐性的"，还是"非音乐性的"，都需要人的审美参与来实现。从声音学和心理学角度来看，人的听觉感官对声音物理上的振频、振幅、谐音体验分为高低、明暗、强弱、大小、紧张等，而这些体验又与人的多种精神活动的体验相近，例如，情绪高低、色彩明暗、心情紧张与松弛等。当作曲家想要创作一首乐曲的时候，首先要选择与想要表达的精神活动相对应的声音音响组织方式，此时乐曲就凝结了作曲家所赋予的主观意识，欣赏者在欣赏优美音乐（形式）的同时，对作品包含的精神内涵也会有一定程度的领悟。这里的精神内涵不仅包含作曲家想表现的，或欣赏中联想到的视觉、情感、现实生活的场景等对象，同时也包含人们内在的、无法用语言与形象描述的精神活动的特征。

二、音乐艺术的形式

音乐艺术是人类的精神产物，其来源于现实世界，因此对音乐艺术的研究是离不开现实世界和人类精神的。音乐的物质性内容是声音材料及其运动方式，有时候称之为"形式"，它有着自身的规律和法则。

(一) 构成音乐形式的基本要素

1. 音高

由于人耳听不到超声波和低声波,因此要想构成音乐艺术,在音高上就有所限制。音高是由振动频率决定的,人类听觉的音高范围在 16~20 000 赫兹,能入乐的声音的音高集中在人耳感受最敏感的范围,即在 27.5~4 000 赫兹(现代钢琴的音域就是这个范围)。过高或过低频率的声音都不能引起听觉的敏感辨别。

2. 音强

音强是由振动幅度决定的,给人耳的听觉体验是声音强与弱的变化。大范围的音强变化与细腻的强弱层次差异,是作曲家丰富与加强音乐表现力的重要手段,也是音乐艺术发展水平的重要标志。

3. 音长

音长指的是声音的时间属性,音乐的速度与节奏归根结底是在音长的组织中产生的。快速的音乐使人产生紧张、急促感;慢速的音乐使人感到舒缓、松弛。音长也是影响作曲家选择声音材料的重要因素。

4. 音色

音色是由物体振动状态决定的。人类的听觉属性决定了音乐作品主要采用优美、悦耳的音色,大部分乐器发出的音色均具有这样的特征。

(二) 构成音乐形式的基本组织手段

1. 节奏与节拍

节奏不仅是音乐的基本组织,其自身也可构成完整的音乐作品。音乐的节奏是有序与丰富变化的,体现在音的各种长短组合上。节奏的复杂性与不规则性是现代音乐发展的重要特征。音乐律动的强弱交替、循环变化就是节拍。节拍集中体现了节奏的有序性。

2. 旋律与调式、调性

旋律中既包括音高的变化，也包括音长（节奏）和力度（节拍重音）的变化。旋律富于表情性，或优美，或高亢，或粗犷。调式体现的是乐音组织结构形式。调式分为：西方音乐的大小调式，我国民族五声调式、七声调式等。不同的调式是不同历史时期、不同民族与地域文化差异的产物，也是形成音乐风格与色彩变化的重要原因。调性，既确定了调式的类别，又确定了调式主音的音高。

3. 和声、复调与配器

协和的和声使人产生悦耳的体验，不协和的和声同样也是音乐所需要的，通常表现紧张不安、兴奋不已的情绪。复调是以两条或两条以上的旋律同时独立进行（或相继进行）的音乐形式。复调兼具旋律横向进行的推动力与和声纵向的张力。配器，即给乐器分配声部，体现作曲家对不同乐器音色的艺术运用。音响平衡感、和声效果、乐器的选择等方面是作曲家在配器时要考虑的重要因素。

4. 曲式

常见的曲式有二部曲式、三部曲式、奏鸣曲式、变奏曲式、回旋曲式等。

音乐形式的组织手段是音乐各基本要素的有序组合和运用，它们之中包含了两个或两个以上的基本要素，例如，旋律包含音高、节奏、强弱等。和声不仅体现了音程、音色的特征，和弦的解决又体现了音的走向。复调除了包含旋律之外，其对位中也存在着音程关系。曲式是对音乐要素有明确目的、合于逻辑的一种在结构上的安排。调性体现了调式的主音音高。配器包含对不同乐器在音色、音高上的选择和组合及各乐器运用的技法等。由此可以看出，音乐形式的组织手段是以音乐形式的基本要素为基础。这些基本要素和基本组织手段缺一不可，它们紧密联系、相互作用。

(三) 构成音乐形式美的法则

1. 适应性

音乐的形式首先要求音乐作品的音响要适于人类听觉。从音高上看，过高或过低的声音频率都会使听觉不适应，分辨不敏捷，因而较少具有审美价值；从音强上来说，过强的声音会引起不适，甚至令人产生痛感；从对声音感受的差异性来看，过于接近的音程使听觉产生辨别的困难，人本能地倾向于那些听觉上悦耳与协和的音响。

2. 统一性

一部音乐作品常常由多种音响材料构成，而不同部分之间又存在着相似的音响材料，这是多样统一性在作品整体结构关系上的联系与呼应。人的稳定性心理倾向，不习惯于心理状态在短时间内频繁转换，而是期待当前的心理状态及发展趋势能够保持与延续，这就要求音乐流动应是和谐律动的；而长时间一成不变的和谐律动又必然会产生听觉疲劳，于是就会出现变化、对比的求异心理，好的音乐还应具有调和对比性。人类的求异心理会对艺术作品提出新颖风趣的要求，以此来满足人类对超出已有经验之外感性体验的需求；同时，艺术作品的新颖程度在特定历史时期也应该有一定范围，不能无限制地追求新颖，否则会变为怪诞，所以音乐音响结构的组织安排等还要结合人耳及心理的可接受性。

3. 连续性

音乐是时间的艺术，这使得音乐在形式上具有连续性，一部音乐作品如果不是一次演奏完毕，人们就无法获知其全貌。并且，由于人的听觉记忆能力相对来说不如视觉，要使人们对一首乐曲获得深刻的完整印象，就要在形式上采用一些特殊的办法，音乐形式所使用的办法（音乐形式美的法则）是几百年甚至几千年音乐实践中所逐渐积累起来的。

三、音乐艺术内容与形式的关系

(一) 音乐艺术是内容与形式的统一体

音乐艺术的内容与形式是相互依存、相互联系的,优秀的音乐作品一定是内容与形式的统一体,是指音乐艺术的内容和形式有机的融合和高度的和谐,即从音乐艺术内容上看,音乐的特定内容没有任何一点不被形式充分地、艺术地显现出来;从音乐艺术的形式上看,音乐的形式因素没有一点与内容不相干的多余的成分,形式的任何一个成分都是唯一的、不可或缺的,能最充分、最艺术地表达某一内容,能使内容充分显现;从音乐艺术的内容和形式的结合上看,内容和形式融为一个有机的整体,丝毫不会露出二者相联结时机械的斧凿痕迹。作曲家、表演家在创造、表演音乐时,都应努力实现音乐内容与形式的统一。

(二) 音乐艺术内容的主导作用

首先,艺术来源于生活而高于生活。社会生活是音乐艺术内容的根源,音乐艺术的形式会随着社会生活的变化而变化。社会生活越来越复杂了,作为反映社会生活的音乐,其内容自然也更加复杂化,新的、比较复杂的形式随之产生,由此,就诞生了奏鸣曲、交响曲等艺术形式。

其次,从音乐创作本身来考察,不同的内容要求不同的表现形式,作曲家总是根据内容的需要来选择相应的形式。在创作中,音乐的内容也决定着乐音的结构、组织。

(三) 音乐艺术形式的相对独立性

形式不能离开内容,但形式又不等于内容。某种音乐形式一经产生,就具有相对的独立性。这种相对独立性突出地表现在一定的音乐形式具有一些不以内容为转移的自身规律上。例如,三部曲式、回旋曲式、奏鸣曲式等音乐结构。其中，奏鸣曲、协奏曲、交响曲等音乐体裁就是在长期的音乐实践中产生和完善起来的，它们作为音乐形式，已形成了自身的基本特点和规律。这样，作曲家在运用某种音乐形式去表现特定的内容时，不但要考虑到内容的需要，而且还要顺应各种音乐形式已经形成的创作框架。

音乐艺术形式的相对独立性还表现在，音乐艺术形式虽然随着社会生活、情感内容的发展而发展，但它的发展变化是很缓慢的，在一定历史时期呈现出相对稳定性与历史继承性。音乐发展史告诉我们，许多音乐形式一经出现并完善后，往往能延续很长一段时期。不仅如此，随着历史的发展，旧形式总是不断发展更新，去粗取精，最终演变成新形式。

总的来说，音乐艺术的内容与形式是相互包容的有机统一体，形式是根据内容来安排的，是内容的表现，内容又依赖于形式而存在，两者紧密联系，是一个整体的两个方面。

第三节　音乐艺术的功能

一、音乐的审美功能

音乐艺术蕴含的艺术美具有审美价值和审美功能，审美功能是音乐的首要功能。音乐的审美功能是指欣赏者通过音乐欣赏或音乐教育，提高音乐审美能力，感受音乐美，鉴赏音乐美。这一功能既符合音乐本身具有的审美特征，又符合人们对音乐艺术的审美需求。人们在音乐欣赏活动中，通过感受音乐节奏、旋律、和声、调式、调性、曲式等构成的形式美和作品中所寄托的内容美、思想美、意韵美，使心灵得到美的熏陶，获得美的享受，从而提升审美能力和人生境界，使人得以自由、健康、和谐、全面的发展。

（一）音乐美的呈现方式

1. 形式美

音乐的形式美是音乐审美的基础，通过音乐的音色、节奏、旋律、和声、结构等与人的同构对应关系，使人自然而然地从声音中获得一种愉悦感。形式美具有普遍性、共同性和非功利性的特征，可以美化人们的生活。

2. 内容美

音乐作品体现了社会特征，每一个时代的音乐作品都记录了特定时期人们的思想、感情、理想和愿望。作曲家因各自不同的生活境遇、社会环境、哲学、伦理、宗教观念，形成了不同的审美理想和艺术情趣，并通过各自的作品体现出来。音乐作品的内容可以表达两类"美"——悲剧美和喜剧美。

（1）悲剧美。音乐的悲剧美是把现实生活中的悲剧从情感体验的角度加以浓缩，以音乐所特有的音响效果和叙述方式，使人们在忧伤与愤懑中，获得音乐美的体验。悲剧可以使人更深刻地了解社会矛盾和社会关系的本质，培养人们的理性思维。

（2）喜剧美。音乐的喜剧美是将生活中或丑、或美、或悲的现象，通过滑稽、幽默的形式予以表现，让听者感受到积极的情感体验。

3. 情感美

美好的情感是一种健康、高尚的心理特征，是摆脱了狭隘的生理需要和实用需要的人类高级情感形态。音乐的审美功能主要以情感为中介，具有以情感人、陶冶情操的作用。音乐的情感美大致从两类音乐形象——阳刚美与柔和美来体现。

（1）阳刚美。体现在反映人类与大自然、命运、落后的社会制度等作斗争的音乐作品中。这类音乐作品通常结构宏伟、气势磅礴，塑造胸怀大志、坚毅刚强、热情乐观的音乐形象，能催人奋发向上。

（2）柔和美

体现在宁静柔和、抒情委婉的音乐作品中，反映人类纯朴、真挚的感情，表达对美好生活的憧憬、向往。欢乐优美的旋律往往使人摆脱冷漠、孤寂的心境，精神焕发，充满希望。

（二）音乐审美功能的主要作用

1. 追求美好事物

音乐能够满足绝大多数人的基本审美需求，给人以听觉的愉悦，使人产生基本的生理满足，这是音乐带给人们最基本的审美感受。

2. 培养坚韧不拔的意志力

在音乐审美的过程中，随着对审美对象研究的不断深入和扩展，审美者需要学习、掌握相关知识与一定水平的技术、技能、技巧，需要长时间的练习、积累、磨炼，这就需要付出努力，保持良好的心态，日积月累才能获得成功。审美者在审美实践、体验不断积累的过程中，能够培养自身坚韧不拔的意志力和不怕吃苦的精神。

3. 统一感性与理性的价值取向

音乐审美需求的满足是建立在物质需要满足基础上的向更高精神境界的追求，是一种涉及许多高级心理功能的复杂心理状态。它与社会功利保持着一定的距离，同时又具有广泛、深刻的社会内容及社会意义，能够使人得到一种更高层次的精神满足。

4. 塑造高尚的人格与品格

音乐的审美性可以对人的个性与品格产生潜在的影响与作用，使积极的性格特征得以肯定和发展，使消极的性格特征得以转化与改变，促进个性的和谐发展。

5. 培养心智健全的人

音乐审美教育可以使人具备敏锐的审美能力、良好的审美情趣、健康的人生态度、完善的心理结构、丰富的个性魅力，使人得以全面协调发展。

二、音乐的认知功能

音乐艺术是一种社会意识形态，总是反映着客观世界和特定的社会现实生活，具有反映社会生活的深度和广度的特点，常常通过生动、感人的艺术表现，给人们带来社会生活中丰富的知识和场景。作曲家通过音响的变化，以象征、模拟、暗示、抽象、概括等方法间接地表现客观世界，在作品中反映了历史变革、社会潮流，以及民族风情、人物故事、自然万象等。人们通过音乐活动，对音乐作品所反映的自然、社会、历史、人生等内容获得一定的认识和了解，认识客观世界和客观规律，这就是音乐艺术的认知功能。

（一）音乐认知功能的主要作用

1. 对自然的认知

音乐能给我们提供许多直观的、形象化的知识与信息，帮助人们增长科学文化、自然风景、地理景观、风土人情等多方面的知识。

2. 对社会、历史、人生的认知

音乐能够深刻地揭示社会现象、历史、人生的真谛。

3. 对事物本质及社会发展的认知

音乐可以帮助人们在深刻认识自然、社会、历史、人生的基础上，进一步把握事物的本质及社会发展的规律。

（二）发挥音乐的认知功能的方法

1. 合理吸收，选择借鉴

音乐艺术是世界共同的语言，通过对不同国家、地区音乐作品的欣赏，了解世界各民族的风土人情和历史发展，并进一步了解各个民族的意识形态、哲学思想，以及各个时期的时代精神和艺术风格，以积极的状态进行音乐文化的传递与交流、借鉴。

2. 兼容并蓄，开阔视野

提高对音乐艺术的认知，需要在长期的有意识的音乐教育和无意识的文化熏陶中，去亲身体验和感受不同的音乐题材和体裁，积累广博的人文知识和较高的艺术素养。

三、音乐的教育功能

人们通过感受优秀音乐作品的音响，接触到作曲家高尚的心灵、深刻的思想，获得有益的教育和启迪，从而使思想境界得到某种程度的升华，受到真、善、美的熏陶和感染。艺术作品给予审美主体的教育，往往具有积极向上的感化作用，此即音乐的教育功能。

（一）音乐教育功能的体现

1. 培养道德意识

音乐作品的时代性，决定了它所具有的道德倾向。作曲家在一定的社会生活中，其思想、情感都体现着所在时期社会的政治倾向和道德观念。作曲家的音乐作品是根据自己对现实生活和客观事物的认知与体验，把自己的思想、道德、感情进行艺术概括和加工，通过音响表达出来。学校音乐教育的德育功能主要体现在以下三点。

（1）培养集体主义精神。音乐活动的多种集体表达形式需要树立群体合作的意识，任何脱离群体的个体独自表现，都会破坏音乐的完美。在合奏、合唱等富有个性而又需要充分合作的音乐艺术形式中，要求人们目标相同、各司其职、团结协作、共同完成。这类音乐活动有益于融合人际关系，培养相互合作、和谐共处的作风，使人拥有友善、分享、包容的情怀，增强集体意识。

（2）培养爱国主义精神。各类充满对祖国、对家乡炽热情感的作品，都表现了博大精深的优秀文化传统，蕴含着爱国主义情感，通过纯净的音乐语言、和谐的音调、优美的旋律和不同的体裁结构，唤起了人们的爱国意识。

（3）培养高尚的道德情操。美的音乐作品能给予人们真善美的熏陶，唤起人们的良知，引起情感的共鸣，起到净化灵魂、陶冶情操的作用。

2. 提高思维能力

音乐的启智作用主要体现在以下四点。

（1）促进人体感知觉的发展。人们聆听音乐时，能够培养对不同音高、节奏、力度、速度、音色等的辨别能力，进而提高对旋律、和声与情绪的敏感性，形成对音乐整体结构的综合感觉和把握，同时可促进感知觉的发展，增强器官的敏感性和思维的灵活性。

（2）平衡左右脑的发展。在进行音乐活动，尤其是音乐演奏时，人的手、脑、眼、耳密切配合，可以提高大脑的反应能力和五官的协调能力。同时，人的听觉、视觉、触觉以及整个身体都处于协调运动当中，多项思维的交替运用，有效结合联想、意象、记忆、想象等心理过程，起到开发智力的作用。

（3）提高记忆力和想象力。人们在欣赏音乐时需要运用形象记忆、情绪记忆、运动记忆和逻辑记忆，无形中提高人的综合记忆能力。音乐具有抽象性、模糊性、多解性等特点，参与音乐活动的人需根据自己的知识和经验对音乐进行想象，对艺术形象进行再创造，感受和理解音乐所表达的内涵。多种多样的音乐实践活动使人的思维更加活跃，想象力更加丰富。

（4）调节大脑机能。音乐以明快的节奏、婉转的旋律、丰富的和声构成美的表现，可以起到调剂、锻炼大脑的作用，在促进左右脑协调的基础上，提高人们的理解分析能力，提高学习效率。

（二）发挥音乐的教育功能的方法

1. 聆听音乐作品

音乐是声音的艺术，必须通过听觉感受来进行。听音乐要与作品分析相结合，感受旋律、和声、节奏、音色等的变化。同时，体会音乐作品的创作手法，以培养感受音乐的能力。

2. 进行音乐技能的训练

只有具备一定的创作、表演技能，以及鉴赏能力，才能有效地领会作曲家的意图与作品的内涵。只有通过一定音乐知识和技能学习，才能够细致、全面地理解音乐内涵。

3. 参与音乐实践

多参加音乐审美实践活动，多欣赏、多交流、多合作，积累一定的审美经验。音乐是非语义的，内容存在不确定性，应充分发挥联想、想象力，在音乐世界中自由翱翔。

四、音乐的娱乐功能

娱乐功能是音乐诞生之初就具有的一个基本功能。音乐能给人以美的享受，给人带来心理上的放松和精神上的快乐，起到缓解疲劳、调节紧张情绪、休闲身心的功效。

（一）音乐娱乐功能的不同层次

美感享受。音乐艺术作为一种特殊的精神产品，可以带给人们审美的愉悦和心理的快感。

充分休息。音乐可以使人在现实生活中受到压抑或无法释放的情绪和无法实现的愿望，通过音乐创造的想象世界得到完成和满足。

怡情健身。音乐对于脑神经形成刺激，使人体分泌有益的化学物质，如激素、酶等，产生抗疲劳、助消化、降血压、放松神经等作用。

情感解放。音乐艺术可以使人超越有限的物质世界，摆脱物欲情欲，脱离低级趣味，获得无限的心灵自由。

（二）提升音乐娱乐的品位的方法

1. 加强社会音乐娱乐导向

全社会应高度重视舆论的正确导向，宣传、鼓励音乐精品的创作和传播。高雅音乐通俗化，促进音乐作品的改革创新，顺应时代的要求，使雅俗共赏的音乐走入大众视野。

2. 提高青少年的音乐素养

应通过各种途径提高青少年的音乐素养，提高音乐欣赏的水平，提升整体的音乐审美能力，使之能够自主选择有益身心的音乐作品。

3. 重视音乐课堂教学的引导

将喜闻乐见的音乐、歌曲引进课堂，充分调动审美者的感官和心理积极性，使他们在愉悦的氛围中，把枯燥的知识学习转变为美的享受，并受益于学习、生活的方方面面。

五、音乐的实用功能

随着人们对音乐认识的增强和对音乐研究、开发、利用的不断深入，音乐的功能也不断地被挖掘。音乐可以调节生活，提高学习效率，改善人际关系，促进创新精神，同时能起到文化传递的作用。音乐有以下四种使用功能。

（一）影视广告音乐

音乐在影视作品中有着深化主题以及完整叙事结构的作用，能更加细腻、生动地揭示作品的深层内涵，突出主题，加强剧情的渲染等。广告音乐是音乐功能在商业领域、经济领域中的延伸，能够增加广告的吸引力和感染力，提高广告记忆的持久性。

（二）环境音乐

环境音乐是指与主体的意识或行为无直接关系，而是通过非音乐鉴赏环境间接地作用于主体意识与行为的音乐。环境音乐如今已广泛运用于工厂、办公室、购物场所、旅馆饭店、银行、医院、车站码头、机场等公共场所，许多家庭也热衷于环境音乐的运用。环境音乐可以营造欢快、和谐的氛围，调节人的情绪及注意力。它还可以美化人们的生活、工作、学习环境。创设购物背景音乐，可以刺激人的消费欲望，起到挽留顾客的作用。

（三）音乐治疗

音乐对人的身心具有保健功能。通过音乐调节人的生理结构、情绪状态、精神境界，对于放松心情、振作精神、促进睡眠等都有良好效果。在生理上，音乐能引起呼吸、血压、心跳及血液流量的变化，对提高中枢神经系统的机能有明显的促进作用，使人获得最佳心境，从而促进生理健康。

（四）配合劳动

音乐最早的功能之一就是为劳动服务。劳动号子在人们的集体劳动中，可以起到统一动作、激励干劲、提高劳动效率、愉悦精神、减少疲劳的作用。音乐用于工作可以增强工作积极性，消除倦怠，解除疲劳，改善劳动环境，提高工作效率。

第二章　音乐教育概述

马克思主义认为艺术是人类社会生活的反映。在人类社会中，音乐具有社会意识形态的属性。它以声波振动的方式存在，在时间上表现出来，通过人的听觉器官引起各种情绪反应和情绪体验。音乐作为人类社会的一种文化现象，也是审美意识的一种特殊表现。当音乐的审美能力通过教育手段进入"自由王国"后，将促进人格的和谐发展，促进人的智力和精神的发展。

第一节　音乐教育的本质

一般来说，音乐教育有两层含义：一方面，是指通过音乐的手段，对人的知识、技能、文化修养、思想、情感、价值观等进行全面素质教育；另一方面，是指通过以教育为主要活动的形式来实现音乐文化的传承和发展。音乐教育对于培养人的综合素质，提高全民族的音乐素质和文化素质具有重要作用。可见，在音乐教育中，音乐是手段，育人是目的。

一、音乐教育的审美化

音乐教育首先是美育，即通识音乐教育的核心内容是对学生进行美育教育。这种观点恰恰印证了音乐教育的审美性。音乐教育的审美形态表现在"理性与感性""灵性与悟性""他娱与自娱"的相互关系中。这是人们对音乐教育的审美选择和审美理想，也是音乐教育最根本的指向性目标。

首先，在"理性与感性"的音乐教育美学中，"理性"主要是指理性认知，强调音乐创作与主题意义的同构与深度，音乐逻辑的严谨与秩序，以及再现与演绎。有时，这一点也用于在整体上描绘情绪的可信度。音乐教育中的"理性"更侧重于对音乐技巧和形式的欣赏,因此在对音乐形式美的认识中出现了大量的理性内容,即"理性趋于意义的状态"。音乐教育的"理性"更侧重于音乐表现,创造开放的音乐联想。而"感性"主要是指人内心深处的感性体验,强调人的生命意义的表达,强调情感、意义和感觉,是自然状态下的生命形态。

其次,在"灵性与悟性"的音乐教育美学中,"灵性"主要是指先天的智慧,是与生俱来的、自然的、遗传的;而"悟性"主要是指理解事物和现象的能力。在音乐学习和实践的过程中,学生的"灵性"不断得到发掘和转化,而"悟性"则不断积累。如果说前者是音乐教育中人性化的自然美,那么后者则是音乐教育中升华了的人性美。

最后,在音乐教育"他娱与自娱"的审美中,"他娱"主要以娱乐他人为主,同时也是学生对教师各种规范的理解;"自娱"以娱乐自身为主,是以学生为主体,"寓教于乐",让学生表达自己、评价自己、欣赏自己,是自娱自乐的一种学习方式。评价和自我欣赏,皆可达到审美的目的,这也是自信、自爱和自我娱乐的目标。音乐教育美学中的"自娱"是音乐的非认知规律,追求音乐个性的独特性。

以上都是人们对音乐教育审美问题的认识。相比之下,在学习过程中,音乐教育更注重"感性"生命形式的实现、"理解力"的提高和"自娱"行为的养成。

二、音乐教育的人本化

音乐教育要立足于育人,音乐教育要尊重自身规律,要准确定位在社会需求和现实可能性之间,(各级音乐教育)要突出自身特色。所谓音乐教育的人性化,即"以人为本",尊重个体差异,充分调动人对音乐知识和技能最有效的思维和联想,挖掘人的潜能,不断作用于人的精神世界,使受过教育的行为和看法随着个性而增强。具体来说，就是在音乐教育的过程中，让受教育者对自己有一个清晰明确的定位，知道自己的目标，知道如何实施自我规划，如何在音乐学习中更好地表达和领悟人情世故或人文思想等复杂的情绪。一般来说，音乐教育的人性化主要体现在两个层面：一是尊重个体独特的生活感受和情感；另一种是表达对美好生活的追求，自律、自爱、自强。

从某种程度上说，音乐教育的人性化是最普遍、最根本的。强调音乐教育的人性化，实际上是强调人在音乐教育中的独立地位，而不是强调竞争和分类。也就是说，音乐教育的人文主义要求人们着眼于德、智、体、美的全面发展和音乐与非音乐综合能力的提高，注重知识、品德、情操、耐力、毅力和自信，以及提高人的智力、专注力、节制力等智力因素和非智力因素。因此，要实现音乐教育的人性化：首先，必须把音乐作为一种直觉和知识的媒介，通过音乐与人的微妙联系，使之成为人们精神世界沟通的重要手段。在我们内心深处，应该建立音乐和人的精神世界之间的桥梁，从而达到"以音乐育人获得和谐，以最美的音乐陶冶人的情感"的人性升华；其次，注重发现音乐本身所蕴含的力量和哲学价值，以及深远意义，同时还要营造有利于学生思想品德健康发展的音乐环境；最后，要有效调动音乐教师的积极性，言传身教，实现专业教学，并促进各种音乐思想的本土化。

当今许多高校的音乐专业课程设置、教学内容改革、师生行为规范等诸多具体问题，本质上都与音乐教育"人与艺术"方向的选择有关。在音乐教育中，学生不仅要掌握多种文化知识和音乐技能，还要学会做人，学会思考，陶冶情操，提升品格。音乐教育的人性化就在这个过程中得到体现。

三、音乐教育的人文化

音乐教育的目标就是要突破单一的"专科音乐教育体系"，向贯穿人类各种文化知识的"通才音乐教育体系"方向发展，以奠定广泛而坚实的基础。一直以来，现代科学技术呈现出人类文化融合发展趋势。音乐教育作为一门人文学科，必须与时俱进，加强音乐素养和技术能力的培养，坚持知识、能力、素质的协调发展和全面提升，实现一体化的多元人才教育模式。针对这一要求，许多高校转变了音乐教育"一专多能"的理念，提出了"强基础、顾专业、优化结构、综合培养"的办学口号，因为音乐学习的范围极其广泛，仅"一所学院"不仅难以满足社会人才市场的需求，也无法使音乐教育更上一层楼。

音乐教育的人文性体现在知识和能力的结构上，加强以"博"为基础的音乐教育，使理论内容和艺术实践成为促进学生自我修养的主要因素。同时，积极引导学生刻苦学习，把刻苦学习的要求转化为自觉的行动。音乐教育的人文本性认为，只有树立正确的目标，明确努力的方向，学生才能持之以恒地攀登音乐之巅，不断促进学生知识的多样性、综合素质的健康发展，特别是他们的心理素质的发展。此外，教师也可以跳出传统的教育模式，培养更多"知识、专业、兴趣、品格"融为一体的新世纪音乐人才，让学生能够在复杂多元的未来社会中生存，最终让学生不断挖掘自己适应环境的潜能，在浩瀚的知识海洋中展现自己的个性特点。

四、音乐教育的情感化

音乐教育中的素质教育尤其表现在教与学的情感交流和精神感知上。要想把没有感情的声音变成动听的音乐，把无意识的音符变成活生生的音乐形象，光有精湛的音乐技术和音乐理性认知是不够的。只有以人的情感交流为前提，用音乐美学再现和表达人的情感理想，在人的情感交流中逐步提高音乐的情感层次，陶冶情操，才能符合音乐艺术的要求，进而潜移默化地体现音乐的情感化特点。

随着时代的发展和科技的进步，科技已经成为音乐的重要主导力量之一。对此，教育工作者需要特别注意音乐教育中对情感的激发、沟通和把握，因为音乐教育回归本位，即音乐素养的提高是在以音乐情感育人、素质培养的前提下进行的。人们对音乐的情感体验和基本感受，不仅是通过技术训练和外在灌输获得的，更多的是人们在具体实践过程中自发、自然地获得的。音乐教育的情感性不仅着眼于音乐的表现层面，还通过音乐情感的诱导唤醒人的原始潜能。

综上所述，音乐教育应注重人们在音乐情感交流中获得的人文内涵和艺术精神。人文内涵是以情感为载体的音乐与非音乐品质；而艺术精神则是以情感为主体，由情操、理想、观念建构起来的丰富多彩的精神世界。两者相辅相成，构成了音乐教育的核心。

五、音乐教育的艺术化

音乐教育的艺术化体现在音乐艺术知识和音乐艺术修养两个方面。众所周知，在音乐教育或表演中，艺术知识和艺术修养应该放在第一位，音乐技术技巧应该放在第二位。今天，这一理念也取代了"技术至上"的传统工匠理念，逐渐被现代音乐教育工作者所接受和遵循，也更好地凸显了音乐教育的艺术性。

但是，音乐教育的艺术性不是一蹴而就的，需要在长期的音乐学习和艺术实践中获得各种知识和经验。音乐技巧是音乐表演的基础和手段，是经过无数次的反复、规范、总结而形成的科学体系。音乐实践是表现音乐的过程，不仅需要丰富多变的和声、逻辑结构、节奏变化、动静对比的旋律、有序的声音控制等专业技能，还需要从艺术层面积极创造。音乐之美再现了人们的情感理想，使音乐表演更富想象力、感染力和魅力，获得更丰富的精神世界和艺术享受空间。可见，完美的音乐实践是音乐技巧与艺术修养有机结合、高度统一的结果。只有"化技为艺""化技为情"，才能将技艺转化为具有艺术生命的情感状态，将情感与联想融为一体，创造出生动传神的音乐形象，真正体现音乐教育的艺术性。

综上所述，音乐教育艺术化是音乐全面发展的标志，也是音乐综合能力和艺术综合素质的标志，对相关高校从音乐技术教育向艺术教育的转变起到了积极的推动作用。要实现音乐教育的艺术化，就需要扭转传统的"重技轻艺""音乐教育首先要从基本功启蒙"的僵化观念，突破音乐教育的传统教学模式。避免纯技术培训，让完美的音乐技巧与艺术修养相统一，以激发音乐的创造力和想象力为音乐教育的最终目标。同时，让学生置身于不断增强音乐创新意识和创造力、丰富音乐想象力、挖掘音乐潜能的学习氛围中。只有这样，才能达到高水平的艺术音乐教育。

六、音乐教育的个性化

音乐教育的个性化是在追求个体存在价值的过程中产生的。它越来越重视学习者的个体差异，是对单一科学通用音乐形式的突破。普通音乐教育的目的是培养对音乐的兴趣，培养感受和表达音乐的能力。音乐教育中的个性化不仅指学习者的主体意识，还指音乐教育过程中音乐和非音乐因素所包含的有助于自我表达的各种成分。

实现音乐教育的个性化是使其回归生活本体的重要途径之一。为实现这一目标，教师在音乐教育中应更加关注学习者的心态、情态和行为，以亲切、自然、真诚、平等的对话代替说教式的教学语言，诠释音乐的真谛——精神沟通；让音乐教育的行为、过程和内容变得更加真实、自然、轻松愉快、易学；让每一位学习者在音乐教育的过程中发挥自己的特长，以愉悦的心情完善人格、净化心灵，提高修养。

自我是本质，自我强化的过程其实就是提高音乐艺术境界的过程。没有这个高度，自然就没有思想的深度。主体意识的觉醒，为音乐学习者提供了表现生活、发展自我、创造个性的广阔空间，也使他们学会了自我评价和自我欣赏。总而言之，音乐教育的个性化需要教师敢于突破传统的封闭式教学理念，跨越阻碍音乐教育发展的条条框框，注重学习者个性的体现，逐步引导学生通过表达"个人自我"来升华自己的人格，从而获得更充实、更有意义的人格，融入一个更丰富、更深刻、更广阔的"大我"。

第二节 音乐教育心理

音乐教育心理学是介于音乐教育学和音乐心理学之间的一门交叉学科。从心理学的角度研究音乐教育的心理活动,包括学生学习心理、教师教学心理、音乐教师心理、音乐学习心理、音乐表演心理、创作心理、欣赏心理等。音乐教育心理学研究涉及音乐心理学、社会心理学、生理心理学和教育心理学等学科。

一、音乐教育心理学概述

音乐教育心理学是教育心理学与音乐心理学的交叉学科。它从心理学的角度研究学生在音乐教育中的各种心理活动,包括音乐演奏过程中的心理活动和音乐创作过程中的心理活动。音乐欣赏过程中的心理活动,包括学习音乐技能过程中的各种心理活动。在这些心理活动中,有一系列的基本规律,包括智力发展、思想感情、道德品质等。运用这些规律来指导教学,提高教师教与学生学的质量,可以使音乐教育理论更加系统化、科学化。

音乐教育主要是在教育学生时所进行的音乐教学实践活动,心理学是揭示人类心理活动规律的科学。教育心理学是在音乐教育过程中产生的一门学科。在教育实践过程中,需要多学科的支持,尤其是心理学的支持。

就音乐教育心理学的内容和体系而言,众说纷纭。造成这种情况的原因有以下三个:第一,音乐心理学和教育心理学都有自己的发展轨迹,但都存在一些问题,特别是在体系和内容方面,将这一交叉学科的体系和内容完全系统化,需要一个漫长的过程;第二,音乐教育心理学的健康快速发展离不开音乐教学,音乐教学过程是一个复杂的过程,音乐教育心理的发展也具有着一定的复杂性;第三,由于许多其他相关学科都与音乐教育心理学联系在一起,因此音乐教育心理学的发展必须对其概念进行分析，不能混淆各个学科。一直以来，教育心理学和音乐心理学的内容和体系没有统一的认识。音乐教育的教学过程是一个动态的过程，音乐教育心理学的内容和体系也是一个发展的过程。因此，不同时期的不同学者和专家对音乐教育心理学的内容和体系有着不同的见解。

二、音乐教学的心理效应

要了解音乐教学的心理效应，首先要搞清楚什么是心理效应。心理效应被定义为当人们说或做某事时发生的一系列反应。音乐教学过程中存在的复杂问题，对心理效应也产生了深远的影响。一般认为，美育对受教育者的心理影响不仅包括内部影响，还包括外部影响。内部影响包括审美心理和人格；外在影响包括语言美、行为美、姿势美、环境美。要重视音乐教学的心理效应，提高音乐教育的教学质量。

（一）定式效应

人们对一系列活动的反应受到经验的影响，反映了心理活动的选择性。在学习过程中，要形成良好的审美态度定式，培养学生学习思维的发展，消除不良定式效应。在音乐教学中，要充分发挥成套效应，例如，良好的学习习惯、正确的歌唱姿势等。

（二）首因效应

心理学中的首因效应是指在知觉和记忆中出现先入为主的现象。"第一次会议的时间非常重要，往往会成就或毁掉整个演讲或整个班级。"卡巴列夫斯基如是说，"因为此时的年轻听众正在寻找他们心中重要问题的答案：'他们来自哪里？他们是什么样的人？他们应该如何表现？'所以，在准备迎接孩子的时候，没有一个细节是小事，穿什么衣服，留什么发型，怎么走路，都很重要。"

(三) 期待效应

人们欣赏某事并希望它成为现实的心理现象就是期待效应。在音乐教学中,要营造良好的学习氛围和环境,保护学生的自尊心,使学生充满信心。要激励学生,给学生更多期望的鼓励。

(四) 马太效应

"凡有的,还要加倍给他,叫他多余;凡没有的,连他所有的也要夺过来。"马太效应来源于《圣经》中的这句话。教师要端正教育思想,树立良好、正确的教育观念,淡化择优意识,着力培养全体学生的全面发展。

(五) 暗示效应

以隐含的方式影响他人的心理,使被暗示的人不自觉地按照暗示者的意志行事,这就是暗示效应。在教学中,教师会通过语言暗示和动作暗示来影响学生的态度。

(六) 反馈效应

一切生物体的行动都能控制调节对象,调节对象反过来影响调节者的过程即称为反馈效应。音乐技能的学习需要这种反馈,让学生及时纠正错误,强化正确的行为,从而达到提高教学质量的目的。

(七) 群体效应

许多人一起进行某些活动而影响工作效率的现象称为群体效应。在音乐教学中,要注意开展小组讨论、自我评价等活动,使学生的兴趣爱好相互影响,但要注意克制外界的干扰。

（八）禁果效应

禁果效应只是一种逆反心理现象。由于部分学生处于逆反心理较强的阶段，教师和家长要及时了解学生的心理状况，拓宽学生的视野。让学生接触不同主题和风格的音乐作品，并鼓励学生探索他们不熟悉的音乐领域。

（九）迁移效应

在获得的知识影响下学习新知识就是迁移效应。在音乐学习中，大量运用迁移效应可以挖掘学生的潜能。

（十）具体效应

由于抽象的事物难以理解，学生可以通过形象比喻加深对内容的理解，这称为具体效应。在教学中，年级越低，具体效应越强，教学内容越抽象，越要考虑具体效应。

（十一）饱和效应

一个链接或一个事物达到了它的极限，这就是所谓的饱和效应。饱和效应作用于人的表现包括难以集中注意力和疲劳。要避免教学中的饱和效应，更好地开展教学，逐步提高教学质量。

音乐教育心理学是音乐学专业音乐教育实践中不可或缺的一门学科。作为一名音乐教育者，不仅要掌握一定的音乐心理学知识，还要了解音乐心理学在教学中的重要作用。音乐心理学在促进音乐教育方面起着重要的作用。

三、音乐教师心理及音乐学习心理

（一）音乐教师的心理品质

音乐教师作为学校音乐教育的主导者，在音乐教学中应具备以下心理素质：认真的教学态度、准确的教学认知能力、浓郁的音乐情感、丰富的教学经验、独特的音乐教学方法。

音乐教师作为向学生传播音乐知识的引领者和学校音乐美育的引领者，应该具备最基本、最主要的心理素质，即音乐教学认知。要想具备音乐教学的认知能力，首先要具备敏锐的观察能力和逻辑形象思维能力。音乐教师的观察能力是音乐教师运用听觉、视觉器官和思维因素对学生进行认知学习的教学活动能力。音乐教师要观察学生的兴趣，敏锐地洞察他们欣赏音乐时的各种反应。要能够观察学生是否具备学习音乐的天赋，是否具备学习声乐、器乐、舞蹈等的条件和天赋。除了了解能很好接受音乐教育的学生外，还要关注有特殊音乐天赋的学生和音乐学习能力相对薄弱的学生，分别给予正确的引导和教育，让学生愿意接受音乐教育。不骄不躁，不落后，使学生树立信心。在整个教学过程中，教师要以敏锐的观察力与学生互动，活跃课堂气氛，调动学生的积极性，并获得一些有价值的信息反馈，这样才能更准确地把握学生的兴趣点，以做到因材施教。

情感因素在音乐教师心理素质中的地位可以说是极其重要的，因为情感因素在音乐教学活动的过程中自始至终都扮演着重要的角色。在教学中，教师的表情、眼神或肢体动作对学生的影响都很大。如果教师能生动地运用肢体语言和教学语言，清楚地表达出要解释的问题，学生就能跟随教师的情绪去理解一些抽象的乐理知识，并对所学的内容有深刻的记忆。如果对音乐进行长期单调的学习，反而会使学生感到乏味，甚至使学生对学习音乐失去兴趣。此外，不能使用必要的面部表情或控制自己情绪的人不能成为一名优秀的教育工作者。因此，音乐教师在教学时应将所要教授的课程内容有感情地、清晰地传达给学生。

情感是音乐艺术的一个重要特征。在教学过程中，首先，要带动学生的情感，用丰富的情感感染学生，并能做好引导工作，使学生能够欣赏和分析音乐的情感以及音乐作品的内容。其次，要培养学生的独立创造能力。创造能力在音乐艺术学科中非常重要。要善于发现学生的创新才能，并丰富和发展学生的创新才能。

从许多国家的学校音乐教育课程来看，在能力和知识结构方面要求六个层次的内容：广泛的社会科学、自然科学和行为科学知识；语言能力；基本音乐理论；一定的教学学习技巧；通识教育理论与方法；音乐教育理论与方法等。

首先，在认知结构上，既要有全面的人文基础，又要有系统的专业基础理论知识和教育理论知识。音乐的认知结构对学科起着导向作用，是心理因素形成的基础，这对音乐教师来说尤为重要。例如，一些大学音乐教育专业的核心课程分为四个领域。第一个领域为人文艺术，课程包括英语作文、艺术鉴赏与艺术史、戏剧课程、音乐课程、文学课程和哲学课程。第二个领域是科学和数学，有实验课程（生物学、植物学、化学、物理科学）和数学、逻辑等课程。第三个领域是社会科学，包括历史、社会学、经济学、地理学、心理学等。第四个领域是专业课程。前三个领域的课程占课时的 2/3。由此可见，音乐教师的知识结构一定是丰富多样的，音乐教育离不开文化基础知识。

其次，必须具有丰富的情感结构。在情感结构的构建中，情商的高低与此相关，因为高情商的人更具有竞争力和控制力。在音乐教学过程中，教师引导和启发或激发学生的主动性和创造性是极其重要的。因此，教师要不断提高情商，丰富教育内容。

再次，作为一名教师，要有坚定的意志品质。在这个竞争激烈的社会环境中，每个人都要有战胜困难的韧性。作为一名教育工作者，必须培养自己的应变能力。

在能力结构上，既要热爱音乐教育，又要有一定的音乐审美能力、音乐表演能力、创作实践能力，以及指导和组织音乐活动的能力。例如，北京航空航天大学教授赵元修，他原本是火箭燃气动力研究方面的专家，但对音乐的热爱和对音乐教育的兴趣，让他利用业余时间在相关场所做志愿者，并在北京航空航天大学、北京医科大学等高校开设音乐鉴赏讲座。为此,他可以废寝忘食,带病工作。他以燃烧自己、照亮他人的精神,将优美的音乐带入校园,让音乐之美成为年轻人心灵的寄托,传播优美的音乐是他人生的一大乐趣。

最后,必须具备健全的人格和稳定的心理素质,具有广泛的学习兴趣,具有强烈的求知欲和探索教学规律的热情。成都石室中学教师曾贤玲就是一个很好的例子。她主动辞去了校长一职,选择音乐教师这份工作。她认真钻研教学理论、美学、心理学等著作,不断探索新的教学理论和方法,形成了一套以素质和能力培养为主,以美育为核心的教学方法。得到了专家的高度评价。因此,教师的人格与能力相得益彰,只要孜孜不倦地工作,就一定能够达到预期的教学效果。

一般来说,作为一名音乐教育工作者,必须具备一定的基本能力,才能更好地胜任教师一职,具体涉及以下三个方面。

第一,音乐教师的专业能力。音乐教师的专业能力包括演唱能力、演奏能力、作曲技术理论、创作能力、合唱指挥能力等。但是,由于学生的不同,因此对音乐教师专业能力的要求也不同。对于表演类专业的教师来说,首先要掌握熟练的专业技能,懂得如何把本专业的基本技能传授给学生。如果教师本身没有掌握这门专业技能,不能很好地表现出来,又怎么能教出好学生呢?对于乐理教师来说,除了具备本课程的专业基础外,还应具备其他课程的知识和技能。理论课程相对枯燥,理性思维强,教师在教学中不仅要有扎实的专业技能,更要懂得激发学生的学习兴趣,使学生有所收获,不断获得更多的专业知识。

第二,音乐教师的教学能力。教师不仅要具备相应专业的基本能力,还要有教学能力,掌握和充分利用教材的能力,善于了解学生的学习情况。

课堂教学是音乐教育的重要组成部分。首先,教师必须具备良好的课堂组织能力,善于利用时间,具有良好的适应复杂情况的能力，能够将专业基础知识与文化知识有机结合起来，启发学生。

其次，教师必须具备良好的语言表达能力，使课堂教学更加生动，从而丰富学生的想象力，激发学生对音乐的热爱。精湛的语言表达必须简洁明了、内容具体，才能有效激发学生的灵感，使音乐教学更具吸引力。

最后，教师必须具有强大的科研能力，只有这样，才能使教学更上一层楼。教师要不断了解同行的情况，学习借鉴别人的经验，同时总结自己的教学经验，结合这些经验，加以分析，取其精华，不断提高自己，有效地落实到教学中，不断实践自己的教学质量，让自己时刻保持在高水平。

第三，音乐教师的评价能力。在具备了专业能力和教学能力之后，音乐教师必须对自己提出更高的要求，即自我反思和评价的能力。教师看问题要本着实用、创新、可行的原则。在评价自己的基础上，还要能够客观地评价别人。对学生作出正确的评价是音乐教师需要具备的基本能力。对学生的正面评价往往会激发学生的学习热情，他们会把教师的鼓励当成最权威的表扬。许多心理学家的研究表明，音乐能力的培养是教学的关键。正面评价会提高学生的学习积极性，负面评价应尽量少用。

评价学生时不能有个人偏见。心理学研究表明，第一印象在评价者的评价过程中具有着很强的定向作用。因此，在确定学生的音色、动态、音乐性、想象力和情感能力时，不应存在个人偏见。

一名优秀的音乐教师一旦具备了专业能力、教学能力和评价能力，就会将自身修养提升到一个新的高度，使教学更加有效。因此，现代音乐教育对音乐教师的能力提出了更高的要求。心理教育贯穿于音乐课堂教学之中，是指教师在课堂教学过程中有意识地运用各种心理学理论，帮助学生提高心理素质，从而促进学生认知和情感的发展。在人们的音乐活动中，欣赏、演奏、创作等一系列活动的基本过程就是心理活动的基本过程。从对客观声音的感知到对音乐的主观反应，都是心理活动的结果。在音乐教学中，教师要了解每个学生的音乐认知能力,因材施教。根据每个学生的不同情况,给予不同的教学指导,使不同阶段、不同水平的学生的音乐认知能力都得到充分发挥、充分利用,并使其不断被完善。

(二)音乐学习的心理过程

学习是心理学研究的一个重要领域。当代最著名的两个学习理论学派是以联想理论为代表的行为主义学派和以格式塔理论为代表的认知心理学学派。

行为主义学派认为,学习变化的本质是刺激与反应的联系,学习过程是从试错到成功的渐进过程。

认知心理学学派中最具代表性的是格式塔理论。格式塔理论认为,学习是对知觉的重组。这种观念上的转变是一种顿悟,而不是行为主义学派所相信的试错过程,此即所谓的"顿悟说"。

在学习音乐的过程中,兴趣是学习的基础。如果大脑皮层的兴奋性高,对外界刺激的感觉会更强烈,效果也会更好。兴奋有三个发展阶段。最初的兴趣是有趣的,此时的兴趣是不稳定的、不具体的。随着不断的发展,兴趣逐渐稳定和集中。当兴趣发展到最高阶段时,就叫作志向。这时候不仅会有兴趣中心,还会更有信心,更专注于音乐学习。

从本质上讲,音乐学习过程是学生通过内部处理外部信息获得能力的过程。在音乐学习过程中,感知、记忆和思维构成了音乐学习的基本心理过程。

音乐感知是音乐学习心理过程的基础。音乐学习是复杂多样的,音乐信息不是单一的,包括听觉的和视觉的。音乐记忆是大脑中感知到的音乐的再现,是音乐学习心理过程的中间环节,是音乐形象形成的必要条件。音乐记忆不仅是一种能力,更是一种反复感知的过程。在音乐学习中,将机械记忆和有意义记忆两种方法结合起来,才能达到培养音乐记忆的最佳效果。音乐思维是对外部音乐信息特征的知觉材料进行分析处理,以揭示音乐的本质特征和规律的心理过程。科学思维是理性的、认知的、逻辑的思维,艺术思维是感性的、审美的、形象的思维。在抽象思维中,理性成分更为突出;而在形象思维中,感性成分更为突出。只有两者相辅相成,才能准确把握事物的本质。

第三节 音乐教育审美

音乐教育的理性美学包括以"理"为基础的认知系统美学和以"技术"为基础的操作系统美学。从音乐学、心理学、人类学、符号学、民族学、社会学、声学等学科理解音乐教育,属于音乐教育知识层面的认知系统美学;从曲式、复调、配器、旋律、织体和演奏技巧来理解音乐教育,属于音乐教育技术层面的操作系统美学。

古希腊人"从无意识的深渊提出理性思考",成为"科学的两大要素:工匠传统中的理论思维和理论传统"。西方音乐教育较好地继承和发展了这两个传统。在西方音乐逐渐东传后,我国的音乐教育已经完全西化。在西方音乐理性审美的冲击下,我国古代传统的音乐教育审美早已荡然无存。相反,它把西方音乐的理性审美推向极端和异化。审美理性形成了根深蒂固的音乐知识和技术至上的教学模式。先进的课程结构和"理性主义""唯技艺"的教学理念成为音乐教育的真理和必由之路,导致我国音乐教育审美平衡出现严重危机。由此,工匠精神、功利主义、共性主义、人技分离、人理分离的行为观念不断强化,以人为本、审美特征、精神内涵、精神意向、音乐人格、精神体验等大多被束之高阁。在弘扬人文精神、加强素质教育的今天,非理性审美在音乐教育中的重要作用和非凡意义更加凸显。为使我国音乐教育均衡、和谐地发展,本节力图从音乐教育审美的理性、音乐教育审美的非理性、音乐教育审美的理性与非理性的统一三个方面突破当前音乐教育审美的理性"瓶颈"。在音乐教育审美的理性与非理性中,取得音乐教育中的审美平衡。

一、音乐教育审美的唯理性

在我国的音乐教育中，理性的审美功能被片面地、形而上地夸大，从而形成合理性。它把音乐教育的理性审美推向了主导地位，成为衡量一切的唯一标准。音乐教育美学的理性从功利主义出发，简单地强调音乐教育的理性认知，强调音乐逻辑的严密性和秩序性，强调音乐创作与主题意义的同构性和深刻性，强调再现和描述情感的可信性，注重音乐形式"走向意义的理性状态"的张力方向，注重音乐技巧、结构形式、旋律与和声张力的欣赏，始终运用推理、抽象、逻辑、判断的形式寻求规律，揭示本质。音乐形式的审美意识中积累了大量的理性内容，当代音乐教育审美早已成为理性和永恒正义的王国。进入20世纪后，音乐教育审美不仅侧重于基于"理性"的认知系统审美，更突出了基于"技术"的操作系统审美。音乐教育将形而上的事物转化为物质的事物，将内在的事物转化为外在的事物，将对心灵的探索转化为对技术的探索。师生自然而然地把"技术基本功"和"技术水平"作为追求的方向，大大弱化了灵感、情感、观念、想象、灵魂等非理性审美因素在音乐教育中的作用。音乐艺术几乎等同于音乐技术，其突出表现是模仿代替创新，先验代替即兴，科学代替艺术，其他娱乐代替自娱，现实代替虚拟，技巧代替想象，程序代替创造。音乐教育的审美理性严重阻碍了我国音乐教育的健康发展，必然导致专业的精细化和相互封闭，必然加剧音乐技术的工匠化和功利化，必然导致作曲理论课程化和专业化。音乐表演课让自己沉浸在训练技巧的号角中。师生只看重技术，音乐之声取代音乐精神，音乐技术理性化、耳朵化。这种机械式的音乐教学模式是音乐"技术崇拜"和"技术排异"的结果。这种仰慕与热爱，不仅迫使当代音乐教育的各个领域不得不低头，也让音乐创作、演奏、欣赏等方面的人性特征、情感积淀、生活倾向向技术屈服。如此一来，"化技术为情感"、高尚人性、发泄情感、看清人生的有效手段就更是无从谈起了。因此，艰巨的音乐教学改革已到了冲破理性藩篱的紧迫时刻。

不可否认，理性审美使音乐教育在知识和技能上取得了惊人的飞速发展。规范的音乐技术、科学系统的理性知识、逻辑理性的思维，形成了音乐专业教学牢不可破的共性格局和坚实基础。通过理性美学，理论课教师不仅了解课程层面的作曲理论、技术理论和音乐学理论的知识、技能和能力，而且通过理性美学探索音乐的深层结构。例如，音程比、听音范围、音色变化等音乐基本要素的精髓，泛音层次、辅音层次、合唱原理所形成的和声之美，以及音乐中所蕴含的斐波那契数列和黄金比例与音色，特别是隐藏在肌理分割原理中的自然之美，调式、音阶、音律所蕴含的"数论与和声"规律，以及和声函数序列与机械力学程序、测量、计算等运算规则的同构关系。标准音的建立依靠逻辑生理学、数理美学、定值和等节奏呈现的有序美的科学思考、音乐"回归体验"的平衡对称逻辑等。通过理性美学，声乐教师不仅在声乐发声、共鸣、呼吸等声乐课程中领悟器官解剖与分析的科学内涵，而且从科学的角度理解声乐向纵深发展的力量：懂得用空气动力学解释歌唱中硬击和软击的辩证原理；懂得用快速摄影技术解释"音域"的成因，对真假发声功能的均衡发展和混音得出科学结论，并使用音域转换；了解声学乐器在"歌声共振峰"实验中的作用，确定高歌声的原因；了解喉镜声带闭合对歌唱质量和音色的影响，为构建歌唱功能教学奠定基础。通过理性审美，器乐教师不仅了解乐器的结构原理、规范的演奏技巧和器乐作品的相关知识，而且对力学在器乐教学中的作用有了更深刻的认识：领悟举指快速触琴键的科学内涵；了解弦长、张力变化的声学特性；掌握弦乐器手指、手腕、手臂的颤音要点；熟悉乐器"摇指"的科学原理；了解声学在管弦乐教学中的作用，挖掘管乐超吹和弦乐泛音表现的科学内涵；了解管乐的"双音"演奏方法和弦音"加""减"的声学原理；了解呼吸的生理心理规律和相关秩序规则。此外，现代多媒体技术在音乐教学中展现出理性审美的耀眼光彩。长期以来，它被用于各种音乐教育课程中。无论是理论课还是技能课，无论是专业课还是业余课，多媒体课件都闪耀着理性与美感的光芒。它不仅使音乐教育从内容到行式发生了革命性的变化，而且深刻地影响了音乐教学观念的更新。

二、音乐教育的非理性审美

音乐教育理性审美是基础，非理性审美也是基础。非理性音乐教育审美在教育审美活动中更加强调人的内心感受、直觉认识和理解能力，更加强调人的表达欲望和自由的自我表现，强调情感、意义和生命在音乐上的直接反映。在音乐作用下产生的直观形式的感知和表象，就是自然状态下的音乐形式。在非理性的审美活动中，往往强调音乐的表现，刻意营造一种开放的音乐联想。在当前音乐教育审美的理性环境下，更应该关注非理性审美的产生和非理性形式的实现。音乐的非理性是不可预测和难以形容的。特别是在各类音乐表演课的教学中，人们往往会远离观念的束缚，更注重直观和情感的交流，摒弃文化材料的理性枷锁，在音乐表现中体验无形的无限奔放。自由和非语义性是教与学之间潜意识交流的桥梁。非理性审美音乐的本质是形而上的，在音乐教育中是不可替代的。它积累了大量的人体生理和心理因素，突出了音乐的模糊性、直觉性、独特性和不可复制性，突出了音乐的创新精神。

当前的音乐教育审美理性弱化了音乐的人文精神和形而上精神，弱化了音乐的内在情感、精神意向、智慧想象和形而上目标，弱化了音乐作为一种独特的、专业的、深刻的体验，超越了音乐和其他非音乐因素。作为生命，它有别于所有其他人类经验。音乐不需要别的，仅凭自身的感染力，就能将人从世俗的意向空间转变到审美的意向空间。当音乐教育在技术上追求理性审美时，却疏远了鲜活的人性，音乐艺术已经被声音技术所取代。从理性审美的角度看，知识和技能至上无疑成为音乐教育必须遵循的准则。这恰恰违背了音乐的本质，违背了音乐教育以人为本的宗旨。我国音乐教育的种种弊端都与此有关。人们呼吁音乐教育本位的回归，是全面意义上的育人，而不是急功近利的唯一音乐知识技能的传承。真正懂得音乐教育的人，绝不会在教学过程中只强调乐曲名称的重点，去钻研音乐应该表达什么，而是要生动地表达教与学双方最深的感受，从而洞察音乐自身规律所形成的形式美，追寻音乐的深层审美环境。因此，在当前的音乐教育中，更应该关注人们对音乐的基本感受和体验。这种感受和体验的获得，不是靠外在的灌输或技术训练，而是人们在亲身参与的过程中自发、自然地获得的。此外，还要注重人们在教学过程中所获得的艺术精神和人文内涵。艺术精神以感性、情感、理想、理念为核心，建构了丰富多彩的现实世界和精神世界。人文内涵是"为人之本"，关系到学生的人格层次和原始能力。从长远、深入的角度看，甚至涉及民族的存亡、国家的兴盛、社会的进退。音乐教育不仅是一种教育模式、教育方法、课程体系、课程内容，还是一种以人为本的教学理念和教育理念；理性审美的音乐教育不仅注重"理论"和"技术"的发展，更注重诱发和唤醒人的原始潜能。在音乐教育中强调个性、人性、艺术性和人文精神，强调非理性精神的作用，重在把握音乐教育的本质。

当前音乐教育的审美理性忽视了音乐教学过程中积累的无数无法解决的直觉美。这忽略了的音乐是一种非客观的思想，其本质无法被定义、实践、客观化、概念化。它深不可测，类似于"道"或"禅"，以"情为先"，与经验和认知的特性有关，表现出万象之前最核心的东西，即事物的灵魂，是对灵魂最深刻的理解艺术。音乐是流动的、多维的、无限主观的，具有可塑性强的审美特征；音乐也是一种境界，一种忘我的、不分主客体的"道艺合一"。在音乐创作实践中，师生往往偏离理性判断和严密逻辑，依赖直觉和潜意识感受，往往会有突然的、无法控制的高度创造力，从而产生异常强大的创造能力。它以一种完全出乎意料的方式突然出现。它脱离了原有的思维轨迹，不仅具有偶然性、突发性、短暂性，而且具有很强的原创性和非模仿性。在这种状态下，情绪高涨亢奋，思绪敏捷有序，蓄势待发，势不可当。它充分展现了音乐中直觉意识的非理性审美魅力，音乐作品的精神之光时常从中迸发出来。在音乐教育中，这种莫名其妙的直觉美无时无刻不在发生着。教师切不可轻易用"是非"的判断标准来"贬低"或"否定"它，而应特别鼓励、引导和刺激这种直觉的、无意识的、不自觉的、非理性的审美的产生，即使它表现为"神秘""灵感"或"天才"。在音乐表演课的二次创作中，需要反映和突出这种非理性的审美。当演唱达到"极致""入神"时，教师要让学生跳出预设的音乐规范，走向自由的王国，让演唱者此时的感悟、情感、意境得以达到非理性审美境界的巅峰水平，让狂喜、非理性的瞬间成为音乐表演中最美、最生动、最灿烂、最动人的光彩。

三、理性审美与非理性审美的辩证统一

在音乐教育审美活动中，理性审美与非理性审美是矛盾的辩证统一关系。两者的平衡与统一涉及音乐教育改革中的诸多问题。音乐教育的思想、观念、行为、方法、评价、教学内容、教材编写等都与此有关。没有理性的人类文明是不可能存续的，没有理性审美的音乐教育也是不可想象的。关键是需要什么样的理性审美。当前的音乐教育需要的不是一种外在于人性、异化的审美理性，而是一种不断被否定、批判、创造、螺旋上升的审美理性。它是一种理性的审美，可以经营人生、弘扬人性、解放感性。如果音乐教育没有以"理"为基础的认知系统美学和以"技术"为基础的操作系统美学，那么音乐精神将成为虚无缥缈的存在。理性审美是有限审美，它着重追求分析性、抽象性、因果性、推理性、顺序性、典型性、再现性，审美范围有限。非理性美学注重追求个性、随意、意境、新鲜、灵动、虚拟，但审美的范围是无限的。运用概念、规律、本质概括和抽象的理性审美，永远无法穷尽音乐教育教学活动中层出不穷的无数非理性审美对象。只有当无限的非理性审美不断冲击和抵制有限的理性审美时，音乐艺术才会出现高峰，音乐教育才会有新的发展。在音乐教育中，非理性审美虽然是对理性审美的反叛，

但更需要通过理性分析去反叛和规律，从无形中寻找有形，从塑性中寻找平衡，再从有形中寻找无形，进行合理化、归纳和抽象。同时，在无限中寻找有限。音乐教育处于理性审美与非理性审美相互作用、转化的审美过程中，呈螺旋状，不断上升、发展、壮大。然而，在当前的音乐教育审美活动中，适合非理性教育审美的教学方法很少受到关注和研究。同时，与理性审美相适应的认知系统和操作系统的教学行为、教学内容和教学形式占据主导地位，在一定程度上抑制了学生非理性审美活力的增长和音乐创造力的提高。非理性审美的枯竭是音乐教育的悲剧。许多学生在遵循规则、分析和理性监督的情况下，失去了他们最自豪、最激动人心、最有价值的潜力，失去了原本会蓬勃发展的情感活力，失去了初学时狂怒陶醉的创作灵性。当前的音乐教育应该充分尊重理性审美，摒弃非理性审美的旧习气，让非理性审美回归本位，与理性审美并行发展。为此，管理者和教师必须积极审视音乐教育中的一切规律、范式、结构和技术，树立破旧立新、多元音乐教育、泛音乐教育和自我反省的观念。此外，要杜绝说教，以陶醉与沉浸、感悟与自学增强教学过程的审美生命力。经过长期的创作活动和表演实践，教与学都积累了经验，探索了方法，深化了思考，积累了深刻的非理性体验和超越。感性体验，将知觉、情感、想象、理解等审美心理结构要素有机结合，不断激发非理性创新高峰的产生，促进理性审美的积累、升华和转化，并使之进入人体以潜意识的形式存在。要重视非理性创作，提高非理性创作的理性水平。只有这样，音乐教育才能突破理性教育的藩篱，具有开放的意识，使非理性审美与理性审美并驾齐驱，共同发展。

第四节　音乐教学的原则

音乐教学原则是教师从事音乐教学必须遵循的基本准则，它是历代音乐教育工作者在长期的音乐教学实践中所取得经验的科学总结。

音乐教育学是通识教育的一个分支。因此，在谈音乐教育的基本原理之前，有必要对一般的教学原理做一些介绍。所谓教学原则，就是人们根据一定的教学目的和教学过程的规律性而制定的进行有效且教学所必须遵循的基本要求。它不仅指导教师的教学，也指导学生的学习，贯穿于教学过程的始终。

对教学原理的学习和研究，将有助于教育工作者更深刻地认识教学的本质和规律，有助于教师和学生更准确、有效地发挥其主动性和积极性，有助于全面完成教学任务。同时，教学原则是评价教学质量和效果的主要标准，是检验教学效果的重要工具。

教学的客观规律是制定教学原则的主要依据，教学目的是制定教学原则的根本依据，教学实践是制定教学原则的实践依据。总之，教学原则的制定必须有目的性、规律性、有效性。

可以从一般教学原则推导出音乐教学基本原则的含义，即人们根据音乐教学的目的和对音乐教学过程的规律性认识，有效开展音乐教学所必须遵循的基本要求。

音乐教学的基本原则应该是音乐艺术教学的基本要求，音乐教学实践的科学总结和概括是音乐教学客观规律的反映。音乐教育学作为一门新兴学科，其理论体系和结构当然不够完善。尽管许多学者和教育工作者对音乐教学原理进行了多方面的探讨，提出了许多富有洞见的教学原则，为丰富和完善音乐教育体系建设奠定了良好的基础，但目前还没有形成一个完整的教学体系以及体系完整、认识统一的基本原则。有些原则与具体的音乐教学实践还有一定距离，值得商榷。由此可见，音乐教学基本原则的确定还有待教研工作者进一步去探索。音乐教学实践迫切需要以符合音乐教学性质和特点的音乐教学原则为指导，这样可以丰富教学原理，有效解决教学实践中的问题。

鉴于以上对音乐教学原理的思考，相关学者归纳出以下四项音乐教学基本原则，希望能为音乐教学原理的深入发展做出有益的探索。

一、审美性原则

审美性原则是指在音乐教学中，教师要努力营造优美的环境和形象，善于诱发学生发现美、感受美的能力，激发学生内在的审美需求，强化学生的审美体验，帮助学生形成正确的审美判断和审美价值取向，做到"以美育人"。

音乐最基本的特征是审美。可以说，音乐艺术是以审美价值为核心和决定性因素的综合价值形式。它展示了人类稍纵即逝的审美心理的流动过程，也表达了人类的各种审美趣味和审美理想。

课程目标和课程价值的基本理念都把音乐教学的审美放在首位，提出音乐教学应该是师生共同体验、发现、创造、表达和享受音乐之美的过程。

可见，音乐教学的目的和音乐教学本身的特点决定了审美原则必须成为音乐教学的基本原则。因此，在贯彻审美原则的过程中，应注意以下两点。

（一）创设美的音乐教学环境

这里所指的环境不仅是指外部环境：充满艺术气息的优美音乐环境、教师优雅的仪容、亲切生动的教学语言和自身的艺术修养等。还包括优美的音色、优美的旋律、优美的和声、优美的节奏，形成优美形象的音乐作品，以及构思精巧、创新的教学过程等，都会激发学生的音乐审美潜能。

（二）要突出音乐的审美功能

音乐教育是美育，其主要任务是培养学生正确的审美观念和欣赏美、表现美、创造美的能力。因此，在音乐教学中，要注重培养学生的审美情感体验和欣赏能力。不能等同于技术教育，更不能智能化、道德化，使学生不能享受音乐的内涵美，不能理解和诠释音乐，否则学生难以经历那种无比愉悦和激动人心的审美情感体验。

二、情感性原则

情感是音乐的基本特征之一。音乐是情感的艺术，它是对人类情感的直接模拟和升华。只有充满丰富情感表达和交流的音乐教学才能有效。作为美的鉴赏家，有教养的人只有在充满情感的情况下才能真正感知和把握一个对象。情感是音乐艺术的血液。随着音乐艺术血液的流动，各种审美和心理因素都活跃起来。总之，美育的力量取决于情感的力量，美育的效果取决于情感的效果。

情感原则是指在音乐教学中，教师要用健康饱满的情感、高尚纯洁的情操、流畅的嗓音来唤起学生的感染力，教育学生，启发学生，培养学生，做到"触动人心""以情动人"。这一原则也是基于音乐教学的目的、音乐教学的规律和音乐教学的实践。音乐教育主要影响人的情感世界。通过音乐学习，感染和陶冶学生的情感世界，潜移默化地建立对亲人、对他人、对一切美好事物的爱。

教师的情绪状态是体现这一原则的关键。音乐教师是传递音乐作品的"使者"。教师对学生深厚的爱和对音乐教学的热情，将成为激发学生健康丰富情感的强大推动力。教师良好的心情和丰富的情感（如带情歌唱、演奏）可以引导学生学会分析和理解音乐作品的情感，体验音乐作品的情感，进而在音乐和艺术创作活动中充分表达自己的感受。

选择健康高尚的音乐教材应根据学生的心理特点，以热情、活泼、开朗、积极、向上为主要情感基调，使学生受到震撼，在潜移默化中受到教育。

三、愉悦性原则

愉悦性原则是指在音乐教学中，教师要通过让学生参与音乐活动，接触艺术作品，营造生动活泼的教学氛围，使学生在音乐学习中获得快乐和放松，实现"以教为本""乐趣盎然"。

快感也是音乐的基本特征之一。音乐具有审美品质，而美学具有解放、愉悦、审美的品质。古希腊的亚里士多德曾这样描述音乐的愉悦："精神享受不仅被美所认可，而且被愉悦所认可。幸福在于这两个因素的结合。人们普遍认为音乐是最令人愉悦的……人们娱乐时总是需要音乐，而且有充分的理由，它确实让人快乐。"

在音乐教学过程中，根据学生身心发展规律和审美心理特点，以丰富多彩的教学内容和生动活泼的教学形式，使学生在愉快的环境中学习，激发学生的兴趣，培养他们的爱好，并促进他们的学习。对音乐、学习艺术乃至创造美好生活的不懈追求中，以及在贯彻幸福原则的过程中，我们要注意以下两个方面。

（一）营造使人愉快、轻松的课堂氛围

真正的音乐教育区别于其他学科教育的一个极其突出的特点是教学过程本身比教学效果更重要，而且更令人愉快和轻松。康德说："音乐是一种由听觉产生的'审美趣味判断'，它给人以愉悦感。"音乐教学的愉悦性是情感体验的心理机制和美育优化效果。巴甫洛夫说："幸福能让你感受到生命的每一次跳动，生命的每一个印记。"当学生处于快乐状态时，最有利于形成优越的兴奋中枢，促使他们对音乐产生浓厚的兴趣，从而产生持久的音乐学习动力。

（二）采用丰富多彩、生动有趣的教学形式

在相互交流的教学氛围中，可以采用多种方式，使音乐教学生动有趣。例如，采用游戏、亲身参与等生动有趣的形式，让学生在实践中感受和表达音乐的内涵；在直观的多媒体教学形式中理解和掌握音乐技能；开展各类艺术实践活动、兴趣班、艺术比赛；打破传统教学的封闭模式，采用韵律形式和多种教学方式，如达尔克罗兹的"姿势韵律"教学、奥尔夫和柯达伊的教学方式等，让学生快乐地"动起来"。

四、创造性原则

创造性原则是指在音乐教学中,通过生动活泼的音乐欣赏表演和创作活动,激发学生的表演欲望和创作冲动,在积极参与中发挥他们的个性和创造能力,培养相关思维。

创造是推动艺术乃至整个社会历史发展的根本动力,是艺术教育功能和价值的重要体现。音乐创作因其鲜明的个性特征而充满魅力;艺术课程所涉及的各种创意、设计、制作、表达、沟通、多视角的联系与转换,为学生提供了创造性解决问题和发挥艺术潜能的机会。他们有机会表达自己和发挥自己的想象力,因为艺术是一门创造性的课程。

黑格尔曾说"真正的创造是艺术想象的活动",因为"艺术不仅可以利用自然界丰富多彩的形态,而且可以用创造性的想象创造出无穷无尽的意象"。音乐艺术的宝库是人类创造力取之不尽、用之不竭的思维宝库。总之,音乐的艺术在于它的创造。在创造性原则的实施中,应注意以下两个方面。

(一)教学艺术中应包含创造性

培养学生创造力的首要前提是新的教学方法。传统的灌输式教学方式束缚了学生的思维和人格发展,更谈不上对创造力的培养。因此,教师不能再拘泥于死板的程序和模式,必须通过复杂的创造性劳动,建立开放、自由、创造性的教学方法。例如,在音乐欣赏教学中,可以将音乐与诗歌、文学、绘画等艺术相结合,加深对音乐的理解。

(二)学生的创造力和创造性思维

在音乐教学中,教师要善于发现学生的艺术创造力,启迪学生的创作意识,培养学生的创造性思维。例如,在音乐演唱、表演课上,让学生自信地尝试用唱(奏)来表达情感;让学生在游戏式的音乐活动中扮演角色，激发他们的表达欲望和创造力；让学生尝试用短小的旋律或歌词，根据自己的情感体验来作曲，体验创作的快乐和成功的喜悦；培养学生在音乐欣赏中的创造性想象，使学生长期受音乐环境的熏陶，养成想象和创新的习惯，促进学生的求知欲和求新欲。

相关学者根据音乐教学的目的、音乐教学的规律、音乐本身的特点和音乐教学的实践，提出了音乐教学的四项基本原则，并试图促进有效的音乐教学，发展和深化音乐教育理论。此外，必须指出，四项原则的贯彻落实不是孤立进行的，而是相互协调、融为一体的。要"以真致美""以爱示人""以文化娱乐人"，让学生最终插上创作的翅膀，飞向美丽的音乐天空。

第三章 学前儿童音乐教育概述

第一节 学前儿童音乐教育的含义

学前儿童音乐教育是以音乐为内容的一种教育实践活动，是教师通过音乐对儿童进行影响的教育。音乐教育作为教育实践活动，具有和其他学科相同的一些属性，即让儿童理解学科内的基本知识，掌握基本技能。而音乐教育作为艺术教育的一个分支，同时具有音乐特有的属性。对于学前儿童音乐教育的理解有两种观点：一种观点认为，音乐教育的目的是把儿童培养成为音乐家，把音乐作为学问进行研究；另一种观点则认为，音乐教育是通过学习音乐提高儿童的综合素养，主要目的是陶冶情操。在实际教学活动中，既不能把学前儿童音乐教育当成一种纯理论、纯技能的学科，又不能脱离了音乐艺术本身的特殊规律和儿童音乐心理发展的特点来进行教育。因此，应将两者有机结合在一起，既要注重儿童对音乐知识的掌握和运用，培养儿童的音乐能力；又要将音乐当成一种工具，用音乐来滋润儿童的心灵，促进儿童各种能力的发展。

研究学前儿童音乐教育的发展过程可知，不同的人对音乐教育作用的看法具有着明显的差别，所以他们在具体的教学实践中会有很大的不同。一般而言，行业内有两种对音乐教育及其作用的不同看法：第一种看法认为，教育者应该将最基础的音乐知识传授给学前儿童，使学前儿童掌握最基本的音乐技能，在教育过程中使学前儿童初步理解音乐艺术内涵，即重视音乐的"内在价值"，这种看法非常重视音乐自身及其本质上的功能，将音乐教育作为基础，认定它为传播和推动人类音乐文化方式发展的开始时期；第二种看法认为，教育者应该将音乐视作教育的一种有效手段，在具体的音乐教育实践中，推动学前儿童节奏感的发展，推动学前儿童身体与心理上的全面而健康的成长。同时培养儿童的口语表达能力、认知思维能力、审美情趣，引导儿童个性及创造性的良好发展，这种观点从本质上来说，是在强调音乐的"功利价值"。这两种观点是从不同的角度理解音乐教育的作用。前者认为音乐教育本身就是艺术；而后者认为音乐教育的目的在于促进儿童创造性和人格的发展。总而言之，在长期的研究中发现，目前行业内存在两种学前儿童音乐教育价值观：第一种以音乐为本位；第二种以教育为本位。

一、以音乐为本位的学前儿童音乐教育价值观

以音乐为本位的学前儿童音乐教育价值观即本质论视野下的音乐教育。这种价值观认为在学前儿童音乐教育中应强调音乐教育的学科性价值，认为音乐教育的目的就是让儿童学习各种音乐知识，掌握音乐技能，传播、延续和发展人类的音乐文化，培养音乐人才。这种价值取向重视儿童在音乐学习与训练后的结果，而忽视音乐学习和创造的过程。主张让儿童掌握基本理论并注重用一些量化的形式来评价儿童音乐学习的成果，这种观点受布鲁纳的结构主义教育理论影响比较大。

以音乐为本位的音乐教育价值观认为音乐能力不是自然发展的，而是儿童不断学习和接受系统教育的结果。该理论重视对儿童音乐技能技巧的培养，在过程中常常采用"灌输"的方式，教师是音乐知识和技能的掌握者和传授者，而儿童则是模仿者和接受者。这种观点对我国的学前儿童音乐教育影响深远。在中华人民共和国国成立初期，以"双基"为各类教育机构核心目标的背景下，学前儿童音乐教育重视儿童作业的完成情况，将音乐教育评价的重点放在儿童会唱几首歌，会跳几支舞上，并对学习的数量有明确的规定。这样的教育理念忽视了儿童在活动中的个性、情感及社会性等方面的发展。

本质论视野下的音乐教育强调儿童对音乐知识与技能技巧的掌

握，忽视了音乐教育对于儿童全面和谐发展的重要价值，对音乐的审美价值没有引起足够的重视。教师总是追求让学前儿童掌握一定数量的歌曲和舞蹈，重视歌唱旋律和节奏的准确性，而儿童的兴趣和主动性被扼杀。这种教育方式培养出来的儿童大都能唱会跳，能够量化的东西都能有声有色地表现出来，而这样的结果却让儿童丧失了对音乐的兴趣。当唱歌、跳舞、弹琴等音乐活动作为一种任务来完成时，儿童的主动性已不存在，甚至会产生厌倦和排斥情绪。随着年龄的不断增长，儿童的音乐能力会有提升但很难有突破。

二、以教育为本位的学前儿童音乐教育价值观

这种学前儿童音乐教育价值观是以教育为中心的，它将音乐教育视为推动儿童自然发展的重要媒介，认为必须通过丰富的音乐活动来推动学前儿童全面成长，不断提升学前儿童的审美能力。此外，这种价值观认为音乐教育是德育的重要组成部分。

音乐是一种关于情感的艺术，音乐中的旋律和节奏渲染出鲜明的艺术形象，能主动反映和影响人的思想感情。通过音乐而不是通过简单的说理论道的方式进行道德教育，用音乐的艺术感染力来影响儿童的心灵，从而潜移默化地培养儿童的情感意识。这样的方式使儿童能够主动地形成自己正确的价值观。同时对儿童大脑的开发、身体的健康成长、智商和情商的发展有着重要的作用，有助于形成高尚优美的道德情操。20世纪以来，教育者在教学实践中认识到音乐教育既包含有效的教化功能，又具有启迪思维、培养健全人格的作用。

在教育本位的音乐教育价值观指引下，幼儿园音乐教育的根本目的定位为促进儿童的自然发展，倡导"园丁式教育"，将儿童在活动中的主体地位放在首位。在音乐教育活动中，教师没有过多地参与和指导，而是注重儿童主动性和创造性的发挥，音乐也就自然地渗透于儿童日常活动之中，注重音乐对儿童全面发展的重要作用，而不是仅仅发展音乐能力。

这种价值取向注重儿童主体性的发挥，促进儿童的主动发展，比较符合学前教育的本质，尤其是在我国学前教育小学化倾向相对严重的情况下，对儿童的全面发展具有重要的意义。但与此同时，这种模式也走向了另外一个极端，过多地重视音乐的教化功能，而忽视了教师在教学活动中正常的引导和促进作用。同时弱化了学前儿童音乐教育中知识技能的掌握，儿童学习不到系统的知识，从而难以形成比较全面的音乐理论知识，由于我国幼儿音乐教师的理论素质和文化底蕴相对浅薄，容易形成"放羊"现象，促使儿童养成懒惰、散漫的不良习惯。因此，这种教育价值观也无法真正实现儿童全面、和谐的可持续发展。

三、应如何理解学前儿童音乐教育

为了更好地理解学前儿童音乐教育，更好地指导幼儿园音乐教育实践活动，应将这两种音乐教育价值观进行分析和综合，汲取合理成分，使两种价值取向相互借鉴并有机统一。我们应该充分利用音乐这一手段来促进儿童各种能力的进步，使其得到全面发展。同时，让儿童掌握一定的音乐艺术表现的技能技巧也是必需的。因为音乐技能技巧的掌握能进一步促进儿童能力的提升。教育的天职在于培养主体和传递文化，通过传递文化使主体得以成长，并使文化在主体那里成为生动的精神力量。以音乐为本位的价值取向旨在传递文化，而以教育为本位的价值取向旨在培养主体，这两者其实是能够在音乐教育实践中统一起来的，而在教育实践中，应该以教育价值取向为主，音乐价值取向为辅，将两者有机结合在一起。

一方面，要让儿童掌握一些简单的音乐知识，认识基本的音乐符号，掌握必要的演奏和演唱技巧，同时学会结合自己的经验去感受、理解和表现音乐，培养儿童的音乐能力。这是音乐教育基本的任务，也是进行音乐活动的首要任务。因此，音乐教育承载着音乐本身的教育目的。

另一方面，在学习音乐的过程中，逐步让儿童学会以自己的方式认识音乐、把握音乐，并在此基础上养成良好的音乐习惯和正确的音乐态度。在这一过程中，学前儿童的思维、性格、才智等方面都会得到了一定意义上的进步。帮助学前儿童确立完善、健康的人格，积极推动学前儿童的全方位发展，是学前儿童教育最重要的任务。可见，音乐教育是作为开展全面发展教育的重要内容而存在的。

古今中外的哲学家、思想家、教育家都以不同的形式肯定了音乐教育的重要价值，不仅能够使儿童在学习的过程中掌握作为文化存在的音乐，更能够以音乐为手段，使儿童在精神与心灵等方面获得更多有益的发展。我国伟大教育家孔子说过："兴于诗，立于礼，成于乐。"他认为音乐的熏陶是君子修身养性的最后一个阶段，音乐能够开阔人的眼界和心灵，协调人的知识和经验，促进人全面和谐的发展。古希腊哲学家德谟克利特认为，音乐是改变人和造就人的重要手段，在对儿童进行音乐教育的过程中，既要注重儿童的音乐天赋，更要使儿童通过勤学苦练掌握一定的音乐技能，这样能够使学前儿童的心理更加健康，灵魂更加纯洁。近年来，国外一些学者在研究学前儿童音乐的作用时，一直将培养学前儿童的坚韧、美好的品质作为重点，这能够使学前儿童的人生更加幸福和快乐。因此，音乐教育不仅作为一种形式更是作为一种手段促进人的全面发展，这是人们达成的一种共识。

因此，在学前儿童音乐教育中，既要遵循音乐学习的规律和儿童心理的发展特点，通过一定的方法让儿童掌握基本的音乐知识和技能，又要以儿童的全面发展为目标，通过让儿童感受和学习音乐来促进其身心和谐发展。

第二节　学前儿童音乐教育的特点与目标

一、学前儿童音乐教育的特点

由于儿童生性活泼好动，所以要求对学前儿童进行的音乐教育活动也要生动活泼。音乐教育的内容和手段都要更贴近学前儿童的天性，要具有很强的形象性和情感性，使学前儿童能够在轻松愉快的过程中学有所得。基于此，学前儿童的音乐教育主要呈现出以下特点。

（一）形象性与创造性

艺术来源于现实生活，在生活中汲取营养，然后借助一些形象来表现现实生活。因此，形象可谓艺术表现现实的重要工具。音乐是艺术的重要门类之一，它是通过音响为媒介来传播、以人类的听觉来获取信息的，而它并非在人类的抽象思维下产生，能够利用想象、联想等来创造包含审美意蕴、深刻想象内涵的具体内容。因此，音乐的形象性和在此基础上的创造性在学前儿童音乐教育活动中有着重要意义。学前儿童虽然活动范围相对扩大，生活经验相对增加，语言和认知能力也有了一定的发展，但是其本身的认知、思维发展水平还是有限的，他们对音乐的理解和把握能力也有所局限。儿童对事物的认识，还需要借助于对其表象的拟人化的联想。所以，学前儿童音乐教育的内容、形式以及方法都需要更多地体现出形象性和创造性。

在诸多体裁的儿童音乐作品中，都创造出鲜明的音乐形象，借此反映儿童所熟悉的生活事物，让儿童通过这些生动的音乐形象，感知、理解和把握具体事物。圣-桑的《动物狂欢节》组曲中就用变幻的乐音、旋律创造了一个个生动的动物形象，并且通过模拟自然界中的风声、雨声、鸟叫声等音响，让孩子感受到鲜明的音乐形象，同时可以让其联想到生活中所熟悉的事物。

形象性和创造性是十分重要的，它们需要在学前儿童音乐教育的具体实践中被突出表现。在日常的教学实践中，能够凸显形象性的教学方法，能够更好地吸引学前儿童的注意力，调动他们学习的积极性，推动学前儿童从音乐的直观形象开始学习，能够使其更好地感知、理解、把握和表现。所以在音乐教学活动中，教师应该结合语言讲解、图片展示和动作表演等外在形式，帮助儿童展开想象，从而使儿童体验到音乐的意境美。

(二) 趣味性与游戏性

玩是儿童的天性，学前儿童的生活中充满了游戏。他们在这一年龄段的最大追求就是快乐，所以参加的活动都必须有趣味性。儿童音乐本身的愉悦性和感染性，正是吸引学前儿童积极参加音乐活动的原因之一。

学前儿童音乐教育的趣味性和游戏性最直接地体现在音乐游戏中。音乐游戏是一种有规则的游戏，它借用游戏的形式以发展儿童的音乐能力为目的。这类游戏有些侧重于创造和表现的歌舞，有些侧重于情节和角色扮演，有些侧重于音乐要素的听辨能力。不管是哪种音乐游戏，都能促进学前儿童动作的协调性，提高他们辨别音乐和感受音乐的能力，让儿童保持愉快的情绪。

1. 内容上的趣味性与游戏性

由上可知，趣味性与游戏性在音乐游戏中是十分重要的。同时，趣味性和游戏性的特征明显表现在学前儿童的歌唱、韵律、音乐欣赏与打击乐演奏等具体活动中。要想提高学前儿童的活动参与积极性，歌唱活动的歌词需要通俗且充满趣味。同时儿童游戏类曲目要在歌唱活动曲目中占据一定的比例，例如，猜谜歌、手指游戏歌、跳皮筋歌等。在引导儿童进行音乐欣赏的时候，一般也用富有趣味性的游戏加以配合。

2. 形式上的趣味性与游戏性

学前儿童音乐教育形式具有很强的灵活性和自由性，在同一次音乐活动中，不同的教学组织方式可以同时或者交替出现。例如，歌唱的形式可以是集体合唱，也可以是独唱或者双人对唱、小组接唱等，根据活动需要选择即可。

在学前儿童音乐活动中，儿童可以自由选择活动空间、合作的伙伴或者小组等，用不同的角色参与游戏，教师也可以以示范者、引导者、参与者等各种不同的角色身份进行指导。

3. 方法上的趣味性与游戏性

根据儿童年龄阶段及身心发展的特点，教师可以在音乐活动的设计中，创造一些趣味性和游戏性的方法，比如在讲解、示范和提问的时候，教师通过语言、表情和动作的变化和配合，带动儿童的兴趣，使其积极地参与到活动中。有趣、滑稽的动作更容易引起儿童的注意。

（三）技能性与综合性

1. 技能性

没有基本的训练，不掌握技能，就不可能获得完美的艺术，音乐亦是如此。在学前儿童音乐教育中，对儿童进行基本的音乐技能、技巧训练是必需的，这种技能的训练对儿童日后音乐能力的发展及其非音乐能力的发展都是重要的。

教师需要具备良好的音乐素养和音乐技能，才能对儿童进行正确的音乐启蒙；儿童也应该掌握一定的音乐技能，这样才能更好地感受、理解、把握和表现音乐，在音乐教育活动中也会更加大胆地表现自己。

2. 综合性

音乐教育活动的综合性是帮助儿童自然地进入音乐天地的另一

个重要条件。综合性体现在形式上的综合、过程上的综合、方法上的综合。

（1）形式上的综合性。

音乐之所以是音乐，就是因为它不仅包含了多种不同要素，而且多种要素或性质之间总是相互碰撞、对话、融合，不断生出新质，形成一种可持续发展的生命过程。人类早期的音乐活动是歌、舞、乐三位一体的一种初始的、尚未分化的综合活动形式。中国早在先秦时期，就将"声""音""乐"作了划分。"声"指自然发出的声音，"音"指有组织的声音，而"乐"则指诗、歌、舞结合在一起的活动。其中的"音"与人们现在理解的"音乐"相应，但当时受重视的不是"音"，而是作为活动整体的"乐"。说明当时的音乐教育已经是一种综合性的教育。

在学前儿童早期的音乐教育活动中，同样呈现出一种综合的活动形式。在儿童感受、表现音乐的过程中，"载歌载舞""唱唱跳跳"是最普遍的形式。年龄越小的儿童越喜爱这种初始的综合音乐活动形式，在他们真正感到愉快的时候，必定是又唱又跳、手舞足蹈的。因此，教师应该针对儿童的这一特点，有意识地给儿童提供边唱边跳、边唱边奏和边跳边奏的机会；或者组织儿童分组担任唱歌、跳舞或奏乐的任务，体验合作的快乐；或者在一次活动中，安排全体儿童交替进行歌、舞、乐三种活动，以儿童熟悉、喜爱的综合形式，在歌、舞、乐三者密切相融的音乐活动形式中使他们体验到参与音乐的快乐。

（2）过程上的综合性。

人类早期的音乐活动，在过程上是创作、表演、欣赏三位一体的音乐活动。在生活实践中，人们会发现在真正属于儿童的"自发性音乐活动"中，可以清楚地看到：儿童既是"天才"的创作家，又是"天才"的演员和"天才"的鉴赏家。他们没有人会笑话谁做得不好，也没有人会因为自己做得不好而不好意思参与，他们沉浸在自己的音乐世界里，享受着音乐给他们带来的乐趣。学前儿童音乐教育最重要的价值之一，就是培养儿童对音乐的主动倾向性。让他们能有更多机会在成人正确引导、支持下，自我表达，自我欣赏，自我教育，并在这种过程中，充分享受音乐的乐趣。

(3) 方法上的综合性。

学前儿童音乐教育的目的是集娱乐、学习、工作综合一体。学前儿童音乐学习的主要目的是为了从活动中直接获得快乐体验。在儿童看来，最好的音乐学习就是以一种快乐自由的心情参与其中，并自由地从学习音乐的过程中去体验它带来的快乐。在儿童的世界里，娱乐、学习、工作三者总是综合在一起而绝不是割裂的，学习和工作的目的就是为了使自己高兴，而不带有太多功利性目的。因此，在强调"素质教育"的今天，人们对每个儿童进行音乐教育的要求自然也应是：淡化"娱人"的、"炫耀"的音乐教育目标，突出"娱己"的、"交往"的音乐教育目标，使音乐学习真正成为"每一个"儿童生活中的自然需要和基本权利。

二、学前儿童音乐教育的目标

学前儿童音乐教育的目标是幼儿教育总目标的有机组成部分，是我国教育方针政策在学前儿童音乐领域的体现和落实。要实现学前儿童音乐教育的总目标，需要自上而下地经历以下四个层次：学前儿童音乐教育的总目标、学前儿童音乐教育的年龄阶段目标、学前儿童音乐教育的单元目标、学前儿童音乐教育的活动目标，如图3-1所示。从序列关系上看，学前儿童音乐教育的活动目标是起点，学前儿童音乐教育的总目标是重点，若干个活动的目标的累加会形成单元目标，而多个单元目标共同构成了年龄目标，三个年龄目标的落实最终实现了学前儿童音乐教育的总目标。

第三章 学前儿童音乐教育概述

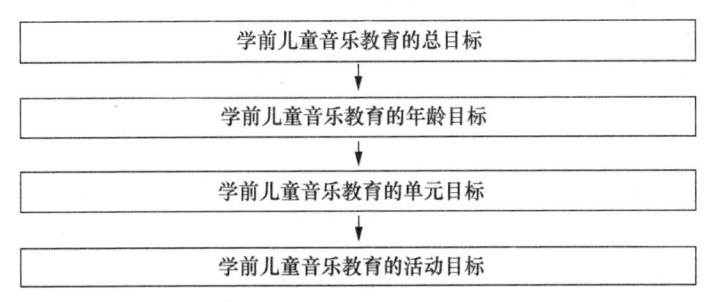

```
┌─────────────────────────────┐
│   学前儿童音乐教育的总目标   │
└─────────────────────────────┘
              ↓
┌─────────────────────────────┐
│  学前儿童音乐教育的年龄目标  │
└─────────────────────────────┘
              ↓
┌─────────────────────────────┐
│  学前儿童音乐教育的单元目标  │
└─────────────────────────────┘
              ↓
┌─────────────────────────────┐
│  学前儿童音乐教育的活动目标  │
└─────────────────────────────┘
```

图 3-1 学前儿童音乐教育目标层次图

学前儿童音乐教育的总目标是将一般所说的"德、智、体、美、劳全面发展"的目标转化为学前儿童音乐教育中的中长期发展目标——通过各种音乐活动促进学前儿童身心和谐发展,它属于学前儿童音乐教育目标体系中概括层次最高的目标,具有统领作用。

以下以表的形式对学前儿童音乐教育的总目标进行阐述,见表 3-1。

表 3-1 学前儿童音乐教育的总目标

	知识与技能	过程与方法	情感态度价值观
歌唱活动	①能够感知、理解歌曲的歌词和曲调所表现的内容、情感和意义。进行带有歌唱性的表现 ②能够基本正确地再现歌曲的歌词和曲调,能够较正确地咬字、吐字和呼吸 ③能较自然地运用声音表情,能够有适度、美好的声音表现 ④能够在用歌唱的方式与他人交往时自然地运用脸部表情和身体动作表情 ⑤知道保护嗓音的基本要点	①能够尝试运用各种策略记忆歌词 ②他人演唱和表达时能够认真倾听,学会向他人学习并尝试反思与自我调整 ③能够探索、运用带有一定创造性的歌唱表现的方式 ④能够尝试迁移经验,进行创造性的艺术表达 ⑤能够有依据地回答问题,不胡乱猜测,敢于表达	①体验歌唱活动的快乐,喜欢参加歌唱活动 ②能够理解各种集体歌唱表演需要合作协调,并愿意适当控制和调节自己的歌唱音量 ③乐于用歌唱的形式与人交往,尊重他人的表达 ④能够体验并努力追求集体歌唱活动中声音和谐与情感默契的快乐

69

续表

韵律活动	①能够感知、理解韵律动作所表现的内容和意义，并知道如何进行带有创造性的动作表现 ②能够感知、理解韵律动作与音乐的关系，知道如何使自己的动作与音乐相协调，并能运用肢体做出自然、舒适的动作 ③能够比较有效地控制自己的身体，及时按照自己的意愿发动和停止动作。能够比较协调地做出各种韵律动作 ④能巩固感知、理解使用道具在韵律动作表现活动中的意义，知道如何运用简单的道具	①能够比较自如地运用自己的身体动作进行再现性和创造性的艺术表现 ②能够主动注意各种动作表演中道具的用法，喜欢探索运用道具，并能带有一定创造性地选择使用道具 ③能够主动注意身体造型和身体移动过程中的空间因素，喜欢探索和运用空间知识 ④在他人表演或表达时能够认真观察、倾听，学会向他人学习并尝试进行反思和自我调整	①体验韵律活动的快乐，喜欢参加韵律活动 ②能够理解各种韵律活动形式所需的交往、合作要求，并知道如何与他人交往、合作 ③体验并努力追求在与他人合作中获得交往、合作的快乐 ④能够在韵律活动中控制自己的动作，与同伴保持舒适的距离，不推挤他人
打击乐活动	①能够比较自如地演奏一些常用的打击乐，知道要用适度、美好的音色演奏 ②能够初步辨别各种常见的打击乐器的音色，并知道如何运用各种音色变化的规律进行带有创造性的表现 ③能够掌握一些常见的简单节奏型，并知道如何运用各种节奏性的简单变化规律进行创造性表现 ④能够比较熟练地运用乐器进行再现性和创造性表现，能够奏出和谐、美好、有表现力的音响 ⑤能够根据指挥手势比较迅速准确地进行演奏	①喜欢探索乐器的演奏方法和音色变化的关系，喜欢运用已掌握的节奏进行带有创造性的表现 ②能够注意和努力追求有表现力的、与音乐相协调的、声音和谐的、情感默契的音响效果 ③他人演奏或表达时能够认真倾听、学会向他人学习并尝试反思与自我调整 ④能够探索、运用带有一定创造性的演奏或协奏方式	①能够体验并努力追求参与打击乐器演奏的快乐 ②能够在集体奏乐活动中有意识地控制、调节自己演奏出的声音，使自己的演奏与集体相协调，与音乐相协调 ③能够理解集体奏乐活动所需要的交往、合作要求，能够认真看待指挥手势，知道应该如何与指挥相配合 ④知道要爱护乐器，并能自觉遵守有关保护乐器的要求 ⑤能够协调好主观意愿与他人的意愿，并在发放、使用、收藏乐器时遵守必要的规则

第三节　学前儿童音乐教育活动的设计

学前儿童音乐教育活动设计主要从活动目标、活动过程、活动方法以及活动材料这四个方面进行。

一、活动目标的设计

活动目标的设计是整个教育活动实施的关键，是教师开展教育活动的基础，发挥着导向性的作用。在设计学前儿童音乐活动目标时，应以《幼儿园教育指导纲要》中艺术领域的总目标为依据，根据不同年龄阶段儿童音乐活动的实际水平和发展特点，以及所选音乐内容的教育价值进行安排。同时，设计者要注意以下两个方面的问题。

（一）目标的发展性

学前儿童的身心发育正处在不断发展变化之中，因此活动目标的设计首先应着眼于儿童的发展。不但要考虑儿童当前的发展水平，还要考虑如何促进儿童达到新的发展水平。目标的发展性既体现在音乐知识和音乐能力的发展目标上，同时还体现在情感、个性和社会性等方面的发展目标上。例如，大班的打击乐活动《苹果丰收》的目标设计中既要有学习内容的重点："能用拍手、拍腿、跺脚等方式表现乐曲的节奏性，并能看指挥协调一致地演奏。"又要有鼓励孩子进行探索的内心发展引导："尝试根据图谱设计配器方案。"同时还要有情感培养、体会合作精神魅力的设计："感受乐器音色的不同，体会不同的音乐感觉，体验合作演奏的乐趣。"

（二）目标的系统性

学前儿童音乐教育活动目标的设计应体现全面性和系统性的特点。具体体现在目标的设计应从情感与态度目标、认知目标、操作技能目标这三个维度进行设计。其中，情感与态度目标主要是围绕儿童在音乐活动中的情感体验、对音乐活动的兴趣以及社会性发展的培养等方面进行设计；认知目标主要围绕音乐活动中需要儿童掌握的音乐知识和认知能力方面的发展要求来设计；操作技能目标则主要围绕儿童进行音乐体验、表现与表达的技能要求来设计。

需要特别注意的是，任何一个音乐活动目标的设计都要涉及情感态度、认知和操作技能这三个方面。不能偏重强化某个方面，更不能忽视遗漏任何一个方面。对于一个具体的活动目标，设计者首先要找准每一个维度目标的切入点，紧紧围绕具体的活动内容进行设计。语言表述力求简洁明了，针对性强，切忌笼统、含糊其词。

二、活动过程的设计

活动过程设计是对每一个教育活动的基本组成部分以及各部分之间的顺序、分配和关系的具体处理。学前儿童音乐教育活动过程的设计一般包括"三段式"和"单段式"两种组织结构的设计。

（一）"三段式"结构

"三段式"结构是学前儿童音乐教育活动中较为传统的一种组织结构模式，即把音乐教育活动分为三个部分：开始部分—展开部分—结束部分。这种结构模式在学前儿童音乐教育活动中运用非常广泛。

开始部分即导入环节。主要的任务是在短时间内集中孩子的注意力，激发兴趣，在轻松愉悦的氛围中，通过复习已学过的歌曲、韵律活动或音乐游戏等的方式导入课题。

展开部分是完成学习目标和教学任务的主体部分。这一部分主要是通过各种形式的音乐活动让学前儿童学习新知识、掌握新方法和新技能。在活动内容的安排上要注意多样性、活动组织的形式上要体现新颖性和灵活性，在活动过程中要遵守动静交替的原则让儿童在兴趣中学习，在学习中体会快乐，在合作交流中学会分享。

结束部分是对学习的知识与技能进行复习巩固的环节。教师根据儿童掌握的情况进行发展性预想，使知识与技能不断丰富化、新鲜化、熟练化。

(二)"单段式"结构

"单段式"结构即在音乐教育活动中没有明显的三部分的划分，而是围绕着新授的活动内容来安排活动结构。活动开始时，首先，通过唤醒与新授知识相关的知识经验为引子，集中儿童的注意力，激发儿童的兴趣；其次，用不断递进、连续引导的方式进入新知识学习的中心部分；最后，在儿童体验到获取新知识的愉悦情感中实现学习目标，完成学习任务。这种结构设计更能围绕一个作品或学习技能进行有序、递进的学习，对激发儿童的求知欲、培养合作学习的能力等方面发挥着积极的作用。

三、活动方法的设计

在学前儿童音乐教育活动中，活动方法的合理运用是音乐活动得以顺利开展的有力保障。在通常情况下，活动方法的设计应注意以下三个方面。

(一) 以活动目标为依据设计

活动目标对于整个活动而言起着导向性的作用。活动中的所有因素都是紧紧围绕活动目标展开的。活动方法就是为实现一定的活动目标而采取的具体形式和手段，是为目标的实现服务的。所以，任何一个音乐教育活动都需要根据具体的活动目标来设计与之相适应的方法。

(二) 以儿童的实际情况为依据设计

作为音乐教育活动的主体，儿童的年龄特点、认知水平、个性特征以及学习态度和习惯都是影响活动过程的主要因素。因此，在设计活动方法时，设计者一定要充分考虑儿童的实际情况，根据不同年龄阶段儿童的特点，选择适宜的活动方法。例如，小班幼儿应多采用游戏和直观的示范；而中班、大班幼儿则应较多地运用讨论、探索和创造的方法。

（三）以活动内容为依据

在设计活动方法时，除了考虑教育对象的特点外，设计者还应根据具体的活动内容进行选择设计。因为学前儿童音乐教育活动的内容是丰富多彩的。在设计具体的活动方法时，设计者应在把握活动内容特点的基础之上选择与之相适应的方法。活动方法的设计非常灵活，既可以对不同的活动内容选择同样的活动方法，也可以对相同的活动内容选择不同的活动方法。此外，活动方法的设计除了考虑以上因素外，还要考虑教师本人的教学风格。

四、活动材料的设计

学前儿童音乐教育活动中的材料既包括音乐教材本身的材料，如音乐、乐器、动作等，也包括为完成音乐活动而运用的辅助教学的材料，如教具、学具、道具、音像材料等。

（一）音乐材料的设计

音乐材料的设计主要包括对音乐作品的选择和对动作作品的设计这两个方面的内容。对音乐作品的选择应从学前儿童的年龄特点和认知水平出发，根据儿童的兴趣、需要选择与其已有的音乐知识经验相联系的音乐作品。在此基础上对作品进行恰当处理，以使其符合儿童的接受能力。例如，在教小班幼儿学唱《小鸭嘎嘎》这首儿歌时，如果原作品的速度超出了幼儿的能力范围，学习起来会有些吃力，这种情况下，设计者在设计时就不能用正常的录音速度，而是由教师亲自演唱，在活动中随时根据儿童学习的情况灵活做出调整。在对动作作品进行设计时，应注意体现最近发展区原则。根据儿童动作发展的一般水平合理设计动作的难度和技巧，灵活调整动作的力度和幅度，加强动作与音乐之间的配合，所设计的动作既要引发儿童学习的兴趣，又要使儿童在原有动作表现的基础上有所提高。

（二）辅助材料的设计

作为辅助教学的手段，教具和学具在音乐教育活动中发挥着重要的作用。在设计教具学具时，首先，要明确其用途是为儿童更好地理解和表现音乐服务的，避免形式化；其次，教具学具的设计在体现直观形象特点的同时注意不要过分追求新奇有趣，以免喧宾夺主，产生适得其反的效果；最后，注意学具的设计应简单、安全，便于儿童操作。

在音乐教育活动中，有很多内容需要儿童进行表现与表达，在表演中适当运用一些道具，可以很好地提高儿童参与表演的积极性和主动性，增强活动的效果。在设计道具时既要考虑不同年龄儿童的特点，同时还要根据活动的性质和内容进行取舍。

对于图片、音像等可视材料的选择和设计应体现视听合一的效果。例如，在音乐欣赏活动中，设计者可以将相对抽象的乐曲旋律、节奏用形象可观的图谱表示出来。引导儿童边听音乐，边看图谱。这种直观的视觉画面易于儿童理解作品内容，提高学习效率。

第四节　学前儿童音乐教育的方法

一、教师为主体发起的音乐活动指导方法

以教师的教学活动方式为依据，相关学者将学前儿童音乐教育活动中教师的指导方法归纳为以下三种。

（一）直观演示的方法

所谓直观演示的方法，是指借助教师的演唱、演奏、动作表演或一定的图片、实物以及幻灯、投影、影像等直观性手段，使儿童获得清晰的音乐表象，提高学习兴趣，从而优化学习效果的一种方法。它在儿童音乐教育活动中已引起普遍的重视并被广泛采用。

直观演示的方法一般有以下两类。

一是指教师用现场的演唱、演奏、动作表演等方式，向儿童提供活动的范例。通过教师的示范，可以给儿童提供更形象、具体、直接和真实的活动指导，向儿童提供对活动要求的直观解释；提供儿童操作的材料和规则；提供儿童探索、创造的线索；提供激励儿童的榜样和追求的目标。教师在使用示范的方法时应注意以下六点：

（1）教师的示范应正确、熟练、自然而富有艺术感染力；

（2）示范之前，教师应该明确示范的目的，并让儿童明确应该如何观察示范和在观察后作出反应；

（3）示范应辅之以一定的语言讲解和提示；

（4）示范者要多样化，应尽量发挥儿童表演的示范作用；

（5）示范应考虑儿童的年龄因素，注意适度、适时，谨慎而灵活；

（6）注意示范的位置，应使每个儿童都能清楚地观察、感知到。

二是指配合一定的活动内容，教师用相应的图片、实物教具、幻灯、投影、影像等直观手段，帮助儿童更好地理解音乐的内容和情感。例如，在儿童的音乐欣赏活动中，教师根据音乐的性质和结构采用形象直观的图片演示配合儿童的音乐欣赏，使视听同步，以强化和丰富儿童对音乐的理解。教师在演示时也应注意以下三点：

（1）用于演示的教具形象应与音乐的性质、风格相一致、吻合；

(2) 用于演示的教具应适度、适量，避免为演示而演示或喧宾夺主；

(3) 用于演示的教具应力求富有一定的艺术性和趣味性，以唤起儿童的审美情趣。

除以上两种形式之外，在幼儿园的合唱、合奏活动中，教师的指挥手势、表情等作为一种直接的教学内容，也可以被看作一种直观演示的教学方法。

（二）运用语言的方法

所谓运用语言的方法，是指音乐活动中的讲解、提问、描述、反馈、激励等诸多以语言为主要教学方法的总称。语言是教育指导中最普遍、最基本的一种媒体，也是幼儿园音乐教育活动中帮助儿童掌握一定的音乐技能、启发儿童音乐探索的辅助性手段。音乐活动中常用的语言指导方法一般有以下三种。

1. 讲解

讲解主要是指对与音乐活动有关的信息及活动方法、程序和规则的讲述、说明或解释。在幼儿园的音乐活动中合理地运用讲解法，既可以加深儿童对活动内容和要求的理解，也有利于促进儿童的音乐探索和创造。

2. 提问

提问是幼儿园音乐活动中常用的一种语言辅助方法。采用提问的方法，可以促进儿童在观察的基础上更好的迁移和探索。一般来说，提问的目的是引导儿童吸取原有经验，引导儿童的观察、思维、想象和创造等活动，了解儿童对音乐的理解和感知以及对活动组织形式的接受态度等。

在提问时应注意以下三点：

(1) 教师的问题应具有启发性、开放性；

(2) 问题的设计既要考虑与活动的内容、要求相适应，也要考虑儿童的知识经验和发展水平，问题应该便于儿童记忆、理解和回答；

（3）可以在活动中灵活调整问题的难度，也可以在一个问题的基础上层层引出新问题。

3. 反馈

所谓反馈，是指教师在音乐活动中运用语言引导儿童及时地了解自己对音乐所作的反应，并及时地调整自己的活动行为。反馈的方法不仅能够增加儿童了解自己、调整自己的机会，也能够使儿童了解同伴和他人的想法，并自由地吸收这些想法，还能够帮助儿童逐步地建立起学习的自我监控、自我调整、自我建设的内部机制。

使用反馈的方法时应注意以下四点：

（1）反馈时应注意面向全体；

（2）语言的反馈可以和动作技能的反馈相结合；

（3）反馈要尽量客观化，平等地看待每一个儿童；

（4）反馈时以正面的肯定为主，宜多采用样板性反馈和激励性反馈。

（三）变换角色的方法

所谓变换角色的方法，是指音乐教育活动中教师运用角色身份的变化，对儿童的活动进行一定的指导。具体的指导方法有以下两种。

1. 参与

参与的方法是指教师以活动加入者、儿童活动的合作者或音乐表演中某一特定角色的身份进行音乐活动的指导。教师的参与，不但可以给儿童的音乐探索和表现提供间接的指导，更能够使儿童体验并享受到师生共同活动的自由和乐趣。

教师在使用"参与"的方法时，必须注意以平等的而不是权威的身份加入活动，教师的观点、意见和行为，仅供儿童参考而无须全面接受；作为音乐中的某种特定角色身份出现时，教师的表演应注意既与音乐的形象相符合，又能对儿童产生较大的感染力。

2. 退出

在幼儿园的音乐教育活动中，教师运用"退出"的方法包含三层含义：一是指教师从"参与"的状态中退出，恢复教师的身份和地位，重新对活动施以影响；二是指教师从心理上理解"退出"，不在活动进程中占据权威的、中心的地位；三是指教师在活动的空间位置上退出，把中心位置让给儿童，以观察者、旁观者的身份对活动进行指导。

在幼儿园音乐教育活动中采用"退出"的方法，一方面可以尽可能地创造机会让儿童自由地实践和表达，增加教师了解儿童潜能的机会；另一方面，可以帮助儿童形成和发展自我教育及相互教育的意识和能力。

教师在运用"退出"的方法时须注意以下三点：

（1）根据儿童的具体发展水平和具体情况，逐步、谨慎地"退出"；

（2）根据活动进程和儿童的反应，及时、灵活地变换使用"参与"和"退出"的方法；

（3）在"退出"的同时，合理、适时地对儿童进行间接指导，同时加强教师对活动的随机观察和反馈。

教师作为音乐教育活动的一个重要部分，其指导作用将直接或间接地影响到活动的进程、活动的效果，进而影响到儿童的发展。因此，教师应针对具体的活动内容、形式及儿童的实际情况，合理而恰当地选用方法。例如，在以模仿学习为主要活动方式的音乐活动中，可以较多地选择示范、讲解、演示等方法，为儿童提供学习、借鉴的范例；在以儿童主动地体验、探索为主的音乐学习活动中，则应以观察者、激励者的身份，较多地采用提问、反馈、退出等方法，鼓励儿童对音乐大胆地想象和表现。此外，在不同类型、不同领域内容的音乐活动中,方法的选择也应区别对待:如在歌唱活动中,要引导儿童用美好的音色和自然的声音及体态表情来歌唱,教师正确的示范往往比正确的讲解方法效果更好;又如打击乐演奏活动中,教师的指挥手势对儿童是一种直观的演示,但采用打节奏的手势动作往往比单纯划拍子式的指挥效果更好。再者,对不同年龄、不同个性、不同接受能力的儿童所用的诸如激励、提问、反馈等方法应有所不同。

古人云:"无法而法,乃为至法。"可见,没有固定的方法才是最好的方法。在音乐教育的诸多方法中,每一种方法都有其长处,也都有其发挥优势的一定"区域"。因此,教师要从一个统一的目标出发,合理而灵活地根据儿童及活动中的即时情况选择并调整教学的形式和方法,让多种方法综合互补、同时存在,以便更好地发挥主导作用。

二、儿童为主体参与的音乐活动学习方法

在音乐教育活动中,教师的"教"与儿童的"学"是涉及如何促进两者相互作用的两个不可分割的侧面。随着教育观念的不断更新,人们逐渐认识到:儿童是学习和发展的主人,教师的"教"并不等于儿童的"学"。要研究教师如何教,决不能脱离研究儿童如何学,正如心理学家布鲁纳所说:"教学理论必须同那些它所赞同的学习理论和发展理论相一致。"因此,在幼儿园的音乐教育活动中,有必要对儿童如何学习,儿童的音乐感知和学习有什么规律和特点,儿童认知结构的自我建构和行为、态度的形成等遵循怎样的法则,如何帮助儿童体验音乐学习的愉快、轻松等一系列问题进行研究和探索。在思考怎样控制影响儿童音乐学习的各种变量,以及什么样的指导策略对儿童音乐学习更有效等问题的同时,更要注意深入地研究儿童学习的方法和规律。

从儿童的学习活动方式来看,学前儿童音乐教育活动的方法主要有以下四种。

（一）模仿学习的方法

所谓模仿学习，是指在音乐活动中儿童通过教师提供的活动范例，在观察的基础上模仿并反复练习，最终达到记住并再现某一音乐作品或掌握某一音乐技能。模仿学习能帮助儿童较为迅速而有效地掌握音乐的基本技能，了解粗浅的音乐知识，逐渐积累起音乐的语汇。因此，模仿学习的方法一直是幼儿园音乐教育实践过程中被普遍采用的方法之一。

模仿学习的方法可以运用在幼儿园音乐教学的不同活动领域中，在歌唱教学活动中，教师示范—儿童模仿—反复练习的活动模式已被广为应用。其中，儿童模仿跟唱是以整体的跟唱为主，即由教师用不同的形式提供示范（如录音唱、教师表演唱、清唱等），让儿童完整地跟唱。对个别有困难的乐句，可采用分句跟唱、部分模仿的方法。这种以模仿学习为主的歌唱活动模式虽然能够帮助儿童清楚地感知歌曲，充分地理解、记忆歌词，从而有效地初步掌握新歌。但是，模仿学习的方法和活动模式并不是幼儿园歌唱活动的唯一方法和途径。用游戏情境及儿童填唱新歌词等方法，也是培养儿童对歌唱活动的兴趣以及发展歌唱能力并掌握一定的歌唱技能的有效方法和途径之一。此外，模仿学习的方法还应用在韵律活动和打击乐演奏活动的教学中。在新授一个律动、舞蹈、音乐游戏或学习用若干个声部的打击乐器进行演奏等活动中，也可以在教师示范讲解的基础上，儿童整体进行模仿练习（对个别较复杂的动作或节奏型，可以做适当的分解模仿），帮助儿童逐步掌握音乐作品。

值得一提的是，在模仿学习的过程中，练习是一种主要的方法。因为音乐本身是一门技艺性较强的学科，在教师的指导下需要进行各种技能的训练，例如，合唱、合奏的练习，律动的练习，舞蹈动作的练习等。练习作为音乐教学中的一种基本方法，教师在运用的过程中必须注意以下四点。

（1）要有明确的练习目的和要求。虽然练习常常需要反复进行，但不是机械地重复，每一次练习都应对儿童有明确要求。

（2）要注意适当地安排练习的分量、次数和时间。针对不同年龄的孩子要有不同的安排，练习的时间不宜过长，对年龄小的孩子可以采用适当的分散练习。在练习的过程中，要随时注意观察练习的效果和儿童的反应，并及时地调整练习的内容和方法。

（3）在练习的同时，还要有意识地启发儿童练习的积极性和创造性。以正面的激励和反馈提高儿童练习的兴趣和信心，以耐心的诱导和鼓励启发儿童的大胆创造。

（4）尽量采用变化多样的练习形式。教师要善于运用形象、生动有趣而灵活多变的练习方法，并与示范、讲解、参与、反馈等多种方法结合使用。

（二）预知学习的方法

"预知学习"一词，源于德国的奥尔夫音乐教育体系。它是一种通过教师的引导，帮助儿童将原有的知识、技能（儿童已预知的经验）应用到新的问题情境中去的特殊的学习方法。应用"预知学习"的方法，旨在更好地激发大多数儿童对音乐活动的兴趣、动机，使儿童更顺利、主动地直接运用已"预知"的知识、经验进行较高水平层次上的音乐感知、表现和创造。随着幼儿园音乐教育改革和实践的深入，这种学习方法对儿童音乐学习以及促进儿童全面和谐发展的作用已越来越引起人们的关注。

与模仿式学习方法不同的是，"预知学习"不是由教师直接向儿童提供要学习和掌握的知识或技能，让儿童进行以模仿为主的接受式学习，而是由教师创设一个问题情境，引导儿童步步深入，通过主动的探索性与创造性活动来掌握、发展甚至重组音乐的作品或材料。由此，也就体现出这种学习方式和以此为主的活动模式的特殊价值。第一，"预知学习"的方法是在教师引导下的一种自学和互学活动，因此，儿童对教师所提供的知识、技能能吸收得更为主动、自觉和积极，掌握得更为牢固、深刻和准确。第二，由于儿童是在预知经验的基础上进行新的学习,这一学习方式和环境能为儿童提供用旧有经验来解决新问题的机会,认知学习理论家奥苏贝尔认为,"任何新知识如果与学习者原有的经验没有联系,没有已有的经验作为落脚点的话,新知识是不会引起兴趣而被吸收的。"因此,利用儿童已有知识和日常生活经验进行迁移性学习,不仅能促进儿童知识、技能的习得,而且更有助于在活动中发展儿童的自主性。第三,"预知学习"还能使儿童在熟练地利用自己的知识和经验的环境中,对原有经验的价值和趣味性获得更深刻的理解和重新建构,这样,能有效地帮助儿童组织和提升经验,使学习的结果能对今后的学习产生积极的"迁移"作用,使旧经验在新的理解上得以重构,从而产生有更大发展价值的新的结构化知识体系。第四,儿童在迁移性学习过程中,把更多的注意力直接指向了学习内容本身,因此更有利于儿童对音乐活动由短暂的兴趣(由学习内容外部刺激:教具、学具、教师的态度、表情,丰富有趣的活动形式等引发的)逐步向稳定的兴趣(由儿童内部刺激:对探索、创新的需要等所引发的)转化。第五,儿童在教师设计的充分、细致、层层深入式的问题情境中,迁移预知经验进行自我教育和相互教育。这不仅能有效刺激儿童的学习积极性,提高学习的效率,更能为儿童创造意识、探索精神及自学习惯的习得和养成奠定长远的基础。

使用"预知学习"的方法,教师不仅要熟悉教材,更要"预知"儿童(预知儿童的学习能力及儿童对新材料内容的预知情况),在此基础上再设计合适的问题情境或材料,引导儿童通过迁移性的自学、互学活动大胆地探索问题情境或材料,进而进行大胆的实践和创编。因此,以"预知学习"方法为主的音乐教学活动和以"模仿学习"为主的音乐活动在目标、形式、程序等方面存在着明显的区别。

(三) 整体感知的方法

所谓整体感知的方法,是指在音乐教育活动中利用音乐形式结构本身的整体统一性和整体协调性,从整体入手引导儿童感知、体验并表现音乐的一种方法。

整体感知的学习方法提倡在音乐活动中把音乐的部分与整体、歌曲的曲调与歌词,韵律活动中的音乐与动作,音乐欣赏中的欣赏与表演、创作,音乐的知识技能与音乐的感受力、表现力,以及音乐活动中教师的活动与儿童的活动等,视为一个和谐统一的整体加以整合,而不是把它们作为相互割裂或对立的部分来看待。心理学的有关理论研究告诉我们,当个体在感知某一具体的事物时,该事物的全部因素、感知者的全部身心特质以及所处的特定时空环境等一切因素,都将对感知过程产生作用。因此,从整体感知入手的音乐活动不仅能够体现出音乐形式与音乐内容之间的整体协调,而且能够更好地促进儿童与音乐在音乐审美实践活动中的整体协调。

整体感知学习方法突出的优势之一,是能够使儿童更容易地感受到音乐的全部内容,从而进入有完整意义的音乐学习。如幼儿园的歌唱教学活动,以整体感知的学习方法可以使儿童直接地、完整地感受、体验、欣赏到由歌词、旋律、节奏等要素构成的歌曲本身,以及教师的演唱、伴奏、表情、态度和身体表演动作等组合成的整体音乐形象,从而激发起儿童对歌曲演唱和表现活动的兴趣和欲望。从整体感知入手的歌唱活动,能够产生比仅仅是歌唱技能培养、歌词记忆或歌唱表演动作的训练更有意义,也更符合音乐审美特性的歌唱活动效果。

再如,幼儿园的打击乐演奏教学活动,采用整体感知的学习方法能够使儿童在演奏活动中体会、领略到多声部音乐美妙的整体音响效果。在传统的打击乐演奏教学中采用从分声部的演奏逐渐向多声部合奏过渡的教学过程,教师往往采用一个声部一个声部地教和学的方法,且在各声部合奏时不要求儿童倾听其他声部的演奏,以免受干扰;而整体感知的教学方法恰恰相反,它直接从多个声部合奏的整体音响的感知开始,引导儿童感受由音乐的部分与部分、要素与要素所构成的整体音乐形象,体验由纵向和横向两方面关系构成的多声部音乐的结构,从而进入完整意义的多声部音乐学习。教师可以让儿童借助一定的"变通记谱"形式——以简单的身体节奏动作来表现配器的整体布局的"动作谱",以不同的几何图形、形象简化图形或类比象征图形来表现配器的整体布局的"图形谱",以及以有趣易记、朗朗上口的音节、短语和句子来表现配器的整体布局的"语音谱"。在儿童合奏的过程中,还应要求儿童注意倾听其他声部的演奏,了解并把握所有声部合奏的整体音响形象。因此,从教学的目标、过程或结果来看,从整体感知入手的学习方法是以多声部音乐的整体音响形象为出发点和终结点的,它符合并体现了音乐审美学习活动的特点和规律。

(四) 多感官参与的方法

所谓多感官参与的方法,是指在音乐活动中调动儿童的多种感觉器官(如听觉、视觉、运动觉、言语知觉等)协同参与,以更好地丰富和强化儿童对音乐的感受和理解,体验并享受音乐艺术的美。这种音乐学习的方法不仅能够有效地提高儿童感知、理解和表现音乐的能力,而且能够调动和激发儿童参与活动的主动性、积极性和创造性。

在幼儿园音乐教育改革和实践过程中,多感官参与的方法已经深入音乐欣赏领域中,并充分地显示出它的理论意义和实践价值。传统的音乐欣赏教学往往比较强调儿童的倾听习惯和倾听技能的培养,提倡从听觉活动入手进行音乐欣赏;而多感官参与的方法则强调不仅仅使用听觉的器官,而且还要借助视觉、动作、言语等多种感觉通道的统合活动来更好地体验和欣赏音乐作品,这种音乐学习的方法应用于音乐欣赏领域,有其一定的艺术心理学和教育学理论的依据。它表现在如下五点。第一,由心理学的研究可知,个体在认识活动中,开放的感知通道越多,就越能全面、深入地把握认识对象。同样,儿童在音乐认识活动中,调动更多的感觉器官就能更深刻、细致地认识音乐所表达的内容和情感,产生一定的共鸣。第二，从儿童心理的发展来看，参与、探究的需要是儿童作为独立个体的基本需要，这种需要的满足能进一步激发儿童社会活动的动机和行为。第三，教育哲学的研究表明，在教育的特定领域中，音乐学科仅仅是用来帮助儿童达到理想发展目标的工具和媒介之一，音乐教育应当是诱发儿童通过音乐活动获得参与、表达、交流、探索和创造体验的过程。第四，儿童受其知识经验和音乐经验的制约，不可能仅仅通过安静倾听的方式来获得对音乐的感性体验或理性思考，往往更需要借助于一种可见、可控的外显操作作为欣赏音乐的主要方式。第五，各种不同艺术形式的感知过程存在着共同的心理机制，将文学、美术、韵律动作等姐妹艺术渗透于音乐欣赏之中，不仅可以增进儿童对音乐的理解，而且有助于发展儿童的艺术思维能力和审美心理结构。因此，在幼儿园的音乐欣赏教学中，教师可以在分析音乐作品性质、风格和基本结构的基础上，选取合适的辅助参与方式（如，视觉辅助材料——图片、幻灯、录像、教学教具等的参与；动作辅助材料——韵律动作、奏乐动作、歌唱动作、戏剧表演动作等的参与；言语辅助材料——故事、诗歌、散文、谜语等的参与），帮助儿童丰富和强化对音乐的认识和理解，促进其对音乐的想象和表达。

总之，儿童是音乐活动的主体。教师在以音乐教育促进儿童主体性发展的过程中，要根据音乐活动的内容和形式综合地考虑引导儿童进入音乐学习的方法和具体形式，将各种方法视为一个相互渗透、相互补充的有机而统一的整体，以更好地促进音乐教育的最优化。

第四章　学前儿童音乐歌唱活动

第一节　歌唱活动的教育内容

一、歌曲

歌曲是有旋律、有歌词、能用嗓音表现出来的一种音乐艺术形式。在学前儿童音乐教育中，歌曲占的比重最大。适合儿童演唱的歌曲很多，可以是成人专门为儿童创作的歌曲，还可以是传统的童谣以及由儿童们自己创作或即兴创作的歌谣，当然，一些国外著名的儿童歌曲也应在其列。节奏朗诵是一种艺术语言与音乐结合的艺术表演形式，可使学前儿童在欢愉的情绪中加深对语言与节奏的感觉和理解。

虽然节奏朗诵较之歌曲来说似乎没有清晰可辨的旋律，但它同样体现了音乐艺术的形式美特征。儿童通过嗓音和语气的变化既表达了一系列富有韵律感、节奏感和结构感的语词，又感觉并体验到固定拍、节奏、强弱、快慢、声调高低、结构句子等几乎全部的音乐形式要素，从这一点上说，节奏朗诵和歌曲除了在有无旋律方面有所不同外，在其他方面都是相似的，因而也可作为对幼儿进行早期歌唱教育的特殊教材。节奏朗诵的具体内容可以是诗歌、歌词、童谣、游戏语言，也可以是词组、象声词、无意义的嗓音音节，甚至还可以是一些用唇、齿、舌和气息振动发出的音响。

二、歌唱的简单知识技能

歌唱，需要儿童用自己的嗓音来唱，用自己的歌声把歌曲的思想感情表达出来。歌唱是一种需要学习的技能。在学前儿童歌唱活动中，儿童应逐步掌握以下最基本、最简单的知识技能。

一是正确的歌唱姿势。身体和头部正直；两眼平视；两肩放松不紧张；两臂自然下垂或自然放在腿上；坐着歌唱时不将椅子坐满，不靠在椅背上等。

二是正确的发声方法。下巴自然放松；嘴巴自然张开；自然地向前发音，既不肆意叫喊，也不刻意控制音量等。

三是正确的呼吸方法。自然呼吸；均匀用气；呼吸时不抬头、不耸肩；不发出吸气声；一般不在句子中间换气等。

四是正确的演唱技能。先准确地辨别、理解和形成清晰的音响表象，然后再在熟练掌握的基础上轻松自如地演唱。

五是自然、恰当的表达技能。自然舒适地歌唱；有理解、有感情地歌唱；自然、恰当地运用声音表情、面部表情以及身体动作表情，不故意做作。

在歌唱活动中，说到表情，一般人可能更多地考虑到歌唱者在歌唱时的一种外显的脸部表情和体态（包括身体姿态和动作）表情。实际上，如果人们评价一个人的歌唱是否具有感染力，具有怎样的感染力，就不仅仅是在谈论歌唱者的体态和脸部表情，而是同时在谈论歌唱者的声音表情。

一个人的歌声是否具有一定的表情，需要牵涉两个方面的问题：首先是歌唱者内心是否具有某种感情体验和歌唱者是否有愿望表达这种感情体验；其次是歌唱者是否掌握了用歌声表达感情的有关知识和技能，即能否运用咬字、吐字、气息断续变化以及速度、力度变化等演唱技巧进行歌唱。只有这种运用一定的演唱技巧，借助歌声传达出的内心情感才可以被称为声音表情。当然，对于学前儿童来说，运用这些技巧的程度是十分低浅的。

六是正确、默契的合作技能。注意倾听自己和他人的歌声，不超前也不拖后；集体歌唱时不使自己的歌声突出，应与他人整齐一致；轮流歌唱时准确地与其他人或其他声部和谐衔接；配合歌唱时努力保持各个声部之间在音量、音色、节奏上的协调性，以及在内心情感体验、声音表情、面部表情（包括目光交流）、体态动作表情交流与配合方面的协调性等。

七是嗓音运用、保护的知识技能。不长时间大喊大叫和歌唱；不在剧烈运动时大声叫喊和歌唱；不在剧烈运动后马上歌唱；不在空气污浊的环境中歌唱；不迎着风歌唱；不在伤风感冒、咽喉发炎的时候歌唱；在歌唱时注意努力保持身体、心情、表情、嗓音的舒适状态，感到不舒服时暂停、休息或自我调整等。

第二节　歌唱活动的材料

歌唱的材料主要是歌曲。在为儿童选择歌唱材料时，应注意，不是儿童喜欢什么歌曲就可以让其唱什么歌曲，而是要有所选择，使所选歌曲既符合学前儿童的年龄特点，又有利于促进学前儿童的身心发展。

歌曲是由词曲结合的艺术作品。在选择歌唱材料时必须同时兼顾歌词和曲调两个方面。

一、歌词的选择

为学前儿童选择的歌曲，其歌词一般应具有以下三个特点。

（一）歌曲内容与文字应具有童趣性并易于记忆和理解

学前儿童的生活经验还很有限，理解事物和语言的能力也比较低。首先，歌曲内容与歌曲使用的文字应生动形象，浅显易懂，为儿童所能理解。否则，此时歌唱着的只是儿童的声音，而不是正在歌唱的儿童本人。儿童的歌唱一旦缺少了心灵上的感动，也就严重地减弱了歌唱时的自发性乐趣。其次，歌词的内容、形象应是儿童比较熟悉和喜爱的。从世界各国儿童喜爱的歌曲的内容来看，动植物、自然现象、交通工具、身体的各个部分、郊游活动、节日活动等，都是儿童日常能接触到且感兴趣的内容。此外，儿童对一些押韵的句子、象声词，甚至一些无意义音节的嗓音游戏也很感兴趣，而某些滑稽、幽默的事情由于能理解，也觉得特别有趣。最后，歌词的结构应是简单的、多重复的。结构简单是指句子中所含的词汇较少，语法结构较单纯；多重复主要是指句子与句子之间在长度、结构、节奏方面相同或相似，甚至在旋律、节奏和歌词方面有较多完全相同的地方。

像《我有小手》等儿歌结构简单、多重复的歌词不但易于儿童理解、记忆，而且也给儿童提供了更多自由编填新歌词的机会。例如，其中的歌词"我有小手拍拍拍"可以改为"我有小手弹弹弹""我有小手敲敲敲"等。

（二）歌词内容应富于爱、富于美、富于想象、富于教益

孩子的世界是充满爱意的。人们经常会看到母亲对孩子柔和而充满爱意地唱着《摇篮曲》，即使孩子不懂得歌词的含义，但那种爱的感觉却足以使孩子沐浴在幸福之中。因此，有爱意的歌曲才是好的歌曲。此外，所选歌词在形式美方面应该具有由押韵或其他规律重复造成的富于音乐美的性质，而且应该经常使用象声词、衬词、感叹词、无意义音节等富于自由性、新颖性和情感性的材料。在内容美方面，好歌词经常使用拟人、比喻、夸张、诙谐等富于幻想性的表现手法，将童心、童趣和爱的情感注入歌曲所表现的事物或事件中，以便能通过在情感上对儿童的打动、吸引来达到审美教育、思维教育和思想教育同时产生效益的目的。就像体育能使人身体强壮一样，好的音乐能使人的心灵变得更温柔、更高尚、更敏感。

（三）歌词形式与内容应适于用动作来表现

学前儿童的活动总体上是不分化的，无论是说话还是歌唱，都常常以动作相伴随。而且学前儿童尚处在语言学习的早期阶段，以

动作来辅助语言的理解和表达,是该阶段儿童学习语言的心理需要。另外,这种边唱边做动作的方法不仅有利于儿童记忆歌词、发展节奏感和提高动作的协调性,而且也能更好地帮助儿童表达情感。

二、曲调的选择

为学前儿童选择的歌曲,其曲调一般应具有以下五个特点。

(一) 音域较狭窄

音域是指一首歌曲中最低音到最高音的范围。学前儿童一般不宜唱过高或过低的音,因为只有在适合的音域内歌唱时,儿童才比较容易唱出自然优美的声音,也只有在适合的音域歌唱时,儿童才不容易"唱走音"。所以,在为学前儿童选择歌曲时,不应该选择音域过宽的作品。

总体上说,在集体教育情境中,所选歌曲的音域应当控制在上述范围之内。但也要防止机械、绝对地处理音域问题。例如,有的歌曲音域较宽,但主要旋律在儿童最感舒适的音区内进行,偶尔有个别音超出这个范围,但它并不是长时值的音,也不是停留在强拍上的音,出现的次数也不太多,故也是适合儿童学唱的。

选择歌曲的音域也一定会与选择歌曲的调高有关。教师还应该能够根据上述音域范围来为歌曲确定合适的调高。有些教师往往习惯于将音域在3~5度的歌曲全部定在C调上。实际上,这种处理往往是错误的。

(二) 节奏较简单

节奏在这里作广义解,包含狭义的节奏——时值的长短关系,节拍和速度。

学前儿童一般不适合唱过于复杂的节奏。所选歌曲主要由二分音符、四分音符、八分音符等节奏组成,也可选择含有少量十六分音符、附点四分音符、附点八分音符、休止符，甚至是切分音节奏的歌曲。

为 4 岁以下儿童选择的歌曲，应以二分音符、四分音符、八分音符构成的节奏为主，偶尔也可以出现含有附点音符和休止符的节奏。为 4~6 岁的儿童选择歌曲时，可选择含有少量十六分音符的节奏，附点音符的节奏出现的次数也可以稍微多一点，还可以出现少量含有切分音的节奏。为 3 岁以下的儿童所选歌曲的节拍，最好以 2 拍子和 4 拍子为主。也可以偶尔为 3~4 岁的儿童选择一些 3 拍子的歌曲。为 4~6 岁的儿童选择歌曲时，除了一般仍然以 2 拍子和 4 拍子的歌曲为主外，可以开始较多地选择 3 拍子甚至 6 拍子的歌曲。另外，还可以适当为 4~6 岁的儿童选择一些含有弱拍起唱的歌曲。

用较快的速度或较慢的速度歌唱，对较小的儿童来讲都是比较困难的。因为较小的儿童呼吸比较浅也比较短，而快速度和慢速度的演唱却要求能有较深的呼吸和较长的气息支持。所以，在为 4 岁以下的儿童选择歌曲时，一般来说用中速比较合适。4~5 岁的儿童比较容易兴奋，除了可以适当选择比较轻快活泼、速度稍快的歌曲以满足他们的需要外，还应注意多选择一些安静柔美、速度稍慢的歌曲以陶冶他们的性情。5~6 岁的儿童已经开始有了一定的情感自控能力，控制发音器官、呼吸器官的能力也有了一定的进步。所以，这时可以为他们选择一些速度稍快一点或更慢一点的歌曲，还可以为他们选择一些含有速度变化的歌曲，如明显的快慢对比及渐快渐慢以适应他们歌唱表现能力成长的需要。

（三）旋律较平稳

学前儿童一般不适合唱旋律起伏太大的歌曲。一般来讲，他们比较容易掌握的是三度和三度以下的音程，同音重复也包括在内。对小二度音程（半音），4 岁以下的儿童还不太容易唱准，所以为 3~4 岁儿童选择歌曲时应注意多选以五声音阶为骨干的旋律。在四度以及四度以上的大音程中，学前儿童比较容易掌握的是四度、五度和八度音程。对六度和七度音程，即使是 6 岁甚至 6 岁以上的儿童也是不太容易唱准的。因此，在为学前儿童选择歌曲时，宜多选旋律比较平稳的歌曲。三度以上的跳进可以使旋律更加生动活泼，有一点跳进也可以使儿童逐步适应音程的跳进。但总的原则还是："跳进不宜过多，跳进的跨度不宜过大，特别是不宜有连续的大音程跳进，应注意多选以五声音阶为骨干的旋律。"

（四）乐句结构较短小工整

为学前儿童所选歌曲的乐句也不宜过长。在中等速度的情况下，2 拍子或 4 拍子的歌曲一般以每句 4 拍为宜；3 拍子的歌曲一般以每句 6 拍为宜。5～6 岁的儿童在速度较快的情况下，偶尔也可以唱含稍长句子的歌曲。但总的来讲，为学前儿童所选歌曲的乐句还是以短小为宜。

学前儿童不宜唱结构过于复杂的歌曲。为 4 岁以下儿童选择的歌曲，大多应结构比较工整。也就是说，乐句与乐句之间，在长度上是相等的，在节奏上是相同或相似的，而且一般应该是没有间奏、尾奏等附加成分的。为 5～6 岁儿童选择的歌曲，已经可以有间奏和尾奏，而且偶尔也可以唱一些不工整的乐句，但总体上还是应以工整为宜。4 岁以下儿童所唱的歌曲，大多应为一段体或一段体的分节歌。5～6 岁儿童偶尔也可以唱一些简单的两段体或三段体的歌曲，但总体还是应以一段体为主。

（五）词曲关系较单纯

学前儿童一般不宜唱词曲关系过于复杂的歌曲。4 岁以下儿童所唱的歌曲大多应该是一个字对一个音的。4 岁以上的儿童可以逐步掌握一个字对两个音的词曲关系。但总地说来，为学前儿童所选的歌曲在词曲关系方面还是应该相对单纯为好，一字一音的关系应是主流。

三、歌曲的总体选择

为学前儿童选择的歌曲尽管比较短小、简单,但总体上应该具有纯真性、艺术性和教育性,而且要注意避免单一化,应体现内容、形式、风格等方面的丰富性和多样性。除了应首先注意多选我国的幼儿歌曲以外,适当选择一些世界各国家和各民族的优秀作品也是非常有必要的。这对扩大儿童的认识面,提高儿童歌唱的兴趣,领会不同风格的歌曲等,都有一定的积极意义。

总之,为学前儿童选择合适的歌曲,是一个复杂的问题。上面说到的各种因素组合在一首歌曲中,情况千变万化。因此,选材时要统一考虑到诸因素,而不能机械地、割裂地逐项去评价、衡量一首歌曲。

第三节 歌唱活动的设计与指导

唱歌教学法根据歌曲题材、体裁、内容、性质的不同,以及教学对象年龄不同的特征,可以采取不同的教学方法。下面所推荐的唱歌教学中的一些方法是多年来人们在唱歌教学中所积累的经验。采用时,必须结合所教学前儿童的实际情况,灵活运用,并创造性地予以发展。

一、歌唱活动过程的设计

(一)导入新歌

1. 事先欣赏

有些歌在未正式教唱之前可以先唱给儿童听,让儿童在欣赏的过程中形成初步印象,有的儿童歌曲已录有磁带,这就可以在吃点心时、午饭前播放给儿童听。

2. 在其他活动中做准备

有的歌曲可结合游戏先学会歌词，然后在音乐活动中正式教唱。例如，《大皮球》一歌，先在早操或体育活动中学会歌词"大皮球圆又圆，拍一拍，跳一跳，拍得轻，跳得低，拍得重，跳得高，我的皮球接住了"，这样在音乐活动中学起来就会快得多。

《拔萝卜》这首歌，可先讲故事让儿童了解歌词内容，人物出场顺序，等到学唱这首歌时只要加上曲调就可以了。

在自然科学教育活动中认识小白兔时，可将《我是小白兔》一歌结合儿童的观察唱给儿童欣赏，以后音乐活动中再学唱此歌时，由于儿童印象深刻，便不用再作多少解释。

在美工活动中画出春天的特征时，可将歌曲《春天》结合儿童的观察唱给儿童欣赏，丰富儿童对春天的认识，在音乐活动中教唱此歌时，就会快得多。

3. 教唱前提供感性经验

创造条件让儿童在未学歌之前先对歌曲内容有个初步的感性认识。例如，教歌曲《数高楼》之前，先带儿童到大街上看看高耸的楼房；教《小鸭小鸡》之前，让儿童观察一下小鸡和小鸭的叫声，了解它们的生活习性。

4. 运用教具等各种方法，引起兴趣教新歌

有许多歌曲可直接在音乐活动中教儿童学唱。为了引起儿童兴趣，调动学习的积极性以及帮助他们对歌词的理解，在教新歌时，根据年龄的不同而适当使用一些能活动的教具，恰当地讲述有关内容的短故事或谜语，以及要求儿童集中注意力准备回答教师的提问等方法，对教学也能收到良好效果。例如，教《摇啊摇》一歌时，准备好小摇床一张（可用废旧物品制作或小凳代替）、小娃娃一个及小花被一床，然后告诉儿童要教他们唱《摇啊摇》这首歌，教师边唱边运用教具按歌词抱着小娃娃摇，将小娃娃放入小床、盖好被、摇动小床最后使小娃娃睡着了，进入梦乡等动作，这样，儿童

会很感兴趣、全神贯注地看教师的动作,体会教师唱的歌词。

幼儿园常用的贴绒、磁性教具等在教唱歌时都可运用。在选用教具时,应力求简便、易于操作,能活动,有利于节奏感的培养。例如,用画面时,内容应简单,有助于儿童理解歌词,如果画面内容过于复杂,会分散儿童的注意力。

(二)范唱

范唱是教师把新教材正式介绍给儿童的过程。教师的范唱不仅应有正确的唱歌技巧。例如,正确的姿势、呼吸,清楚地吐字,准确的旋律与节奏,以及适当的表情等。此外,还应当为儿童树立良好的榜样,并且怀着对儿童、对歌曲的真挚的感情来演唱,使儿童能够真正受到音乐艺术的感染。儿童听教师富有感情地唱自己所喜爱的歌曲时,往往比听声乐技巧高超的歌唱家的演唱更加喜爱,倍感亲切。

(三)学唱新歌

教唱新歌的方法多种多样,教师可以根据歌曲的特点和儿童的年龄特点灵活选用。

有的歌曲相对来说歌词比较长,也比较复杂,可以先教儿童掌握歌词,这样,歌曲的难点往往就能迎刃而解。教师可以通过提问的方法将歌词串起来,以此引导儿童记忆歌词,掌握歌词。有些歌曲比较简单,同样一段旋律有几段押韵、相似的歌词,这样的歌曲则通常只要先教一段歌词,教到儿童熟练了,并体会到了歌词韵律节奏之间的关系,再把第二段、第三段歌词教给儿童,儿童学起来就会很快。

有些歌曲节奏鲜明,词曲结合朗朗上口,可以采用先教歌曲节奏的方法,熟练掌握节奏,按节奏学习歌词,进而学会演唱歌曲。有些歌曲旋律简单、流畅,则可采用教旋律的方法,由易到难,掌握全曲。

有些歌曲相对比较长，但乐句结构清楚，可以采用教师教唱一句，儿童跟一句的方法，由歌词到旋律，再到词曲结合学唱全曲。这种教唱方法的好处在于一句一句跟唱，便于儿童模仿，但同时，也破坏了歌曲的完整性和要表达的艺术形象，而且一句一句地学唱，也难以促进儿童的积极记忆和思维等心理活动的发展。有些歌曲结构短小，形象集中、单一，可以采用整体教唱法，即儿童从头至尾跟唱全曲。用这种方法教唱可以保全整首歌曲的意义、情绪、形象的完整性，在学唱过程中能引起相应的情感体验。

(四) 复习歌曲

在教新歌的过程中有反复练习的成分，在复习歌曲时，也有继续学习的因素。儿童应在心情愉快的时候复习，避免单调的重复练习。

1. 复习歌曲的组织形式

(1) 整体唱。齐声欢唱能够造成一种欢乐的气氛，增加唱歌的兴趣。

(2) 部分儿童唱。组织部分儿童演唱可以使儿童轮流得到休息，并养成仔细倾听别人唱歌的良好习惯。部分儿童唱还能够满足儿童表达自己情感的愿望，以及想在别人面前唱歌的心理，儿童唱歌的能力整体得到了锻炼。

(3) 单独唱。教师应有意识地让儿童单独唱，逐步使每个儿童都具有大胆地在别人面前唱歌的能力。

2. 复习歌曲的方法

(1) 边唱边表演。边唱边动，是儿童唱歌时最常见的现象，让儿童边唱边表演或分角色表演，可以帮助儿童记忆歌词、增加节奏感、促进动作的协调、提高表现的能力，并能引起复习的兴趣。

(2) 变换演唱形式。不同歌唱表演形式可以表达出歌曲不同的演唱效果，能增进儿童唱歌的兴趣。

(3)边用教具边唱。运用色彩鲜明,形象可爱又便于使用的教具让儿童边使用教具边唱歌,能激发儿童唱歌的积极性,如复习《小鸭小鸡》时,可用小鸭和小鸡的玩具辅助儿童复习歌曲。

(4)用游戏的方法复习歌曲。在儿童学会歌曲后,用游戏的方法可以提高儿童复习的兴趣,让儿童在玩中学,学中玩。例如,复习《拔萝卜》时,可让儿童根据歌词内容及每个人物的出场顺序边做游戏边复习歌曲。

(5)利用绘画的方法复习歌曲。对于形象鲜明、生动,具有很强的视觉联想效果的歌曲,可通过绘画的办法复习。

(6)为歌曲伴奏。在复习歌曲的过程中,教师可以引导儿童用拍手、说白、乐器演奏等方法为学过的歌曲伴奏,以达到复习、巩固、提高歌曲表现力的效果。

二、歌唱活动创造性能力的培养

(一)动作的创编

为歌曲创编动作是创造性的歌唱活动中最常见的一种形式。该方法的适用范围主要是词曲简单、多重复,特别是内容为直接描述动作过程或是富于动作性的歌词。但有些时候,这种方法有更广泛的适应性,如用一些舞蹈动作可以暗示歌曲中出现的比较特别的旋律、节奏或不容易记住的歌词等。这种方法在操作程序方面最典型的特征就是"从动作开始"或"动作在前"。

教师提出并直接展示一种或一套简单有趣的动作或动作游戏,在儿童对教师提供的动作进行模仿或游戏的时候,教师开始演唱或播放新歌,为儿童的活动伴唱。

教师提出某种形象或活动,邀请并指导儿童用自己创造出来的动作进行表现。在教师带领下,儿童对创编好的成套动作进行模仿或练习时,教师同时开始演唱或播放新歌,为儿童的活动伴唱。

对于有些词曲难度都比较大的歌曲,也可以采用教师直接展示或引导儿童创编成套伴随歌词朗诵进行的动作或动作游戏，第一次活动学习伴随动作进行歌词朗诵，第二次活动学习演唱歌曲并进行相关的游戏活动。

(二) 歌词的创编

该方法的适应范围主要是一些词曲内容简单、多重复，歌词语法结构单纯、清晰，只有某些语言游戏性质的歌曲。当然，对于有经验的教师来说，这种方法也会有比较广泛的适应性。

这种方法在操作程序方面的最典型特征就是"从歌词创编开始"或"歌词创编在前"。

教师直接提供新歌的第一段歌词，并用边演唱边做动作的表演方式引发儿童的兴趣和帮助儿童理解、记忆"歌词的表述结构"。然后，让儿童创造性地提出另外的新形象，由教师将儿童提出的新形象填入歌曲中，"替换"掉原歌词中的相应部分并演唱出来。如此反复，并逐步让儿童尝试进行新词的直接填唱。

教师提供某种情境，引导儿童用语言来表述这种情境。紧接着再由教师将儿童提出的语言组织成歌词并演唱出来。然后，教师让儿童按照歌词的结构自己创编歌词，并和创编的儿童一起将新词填入曲调并唱出来。例如，教师在讲《夏天来到了》时，可以提出春天、冬天，让孩子们去想象如何描述。

第五章　学前儿童音乐韵律活动

第一节　韵律活动的教育内容

一、学前儿童韵律活动的概念

学前儿童韵律活动就是幼儿随音乐而进行的各种有节奏的身体动作。通过韵律活动，可以使幼儿在情绪上、心理上获得满足，并让幼儿获得一定的快乐。这是因为：韵律活动是通过动作来感受音乐作品节奏美的，因此能有效地培养与发展幼儿的节奏感；幼儿期正处在动作发展的重要时期，利用韵律活动练习各种动作，能有效地提高平衡能力，使动作协调发展；在随不同风格、特点的音乐做出相应的动作时，幼儿辨别音乐性质的能力会大大提高，从而进一步理解音乐的表现手段；幼儿在随音乐形象有节奏地进行身体动作时，头脑中便会出现相关事物的思维和想象。因此，可以促进幼儿想象力、表现力和创造力的发展。

二、学前儿童韵律活动发展总体目标

（一）认知目标

通过富有情趣的韵律动作，使幼儿从中能够准确地感知并理解韵律动作所表现的具体内容。

通过巧妙的使用道具，使幼儿从中能够理解道具和韵律动作之间的关系。

通过丰富的活动环节，使幼儿从中能够感受到集体合作、与他

人合作所带来的无穷乐趣。

(二) 情感目标

在韵律活动中巧妙地运用音乐的色彩激发幼儿欢快、愉悦的美的积极情感。

让幼儿在愉悦的情绪中不断体验成功,增强自信,满足幼儿的心理需求和情感的需要。

在活动环节中足够重视幼儿用肢体主动表达音乐的情感体现,让幼儿能够真正体验到韵律活动所带来的愉悦和美感。

(三) 技能目标

通过韵律动作的反复练习,提高幼儿肢体的协调能力。

在韵律活动不同的环节中,幼儿可以自然地再现韵律动作,并配合相应的道具创造性地展示自己姿态的美好。

在韵律活动的游戏环节中,幼儿能够主动与他人配合,并能创造性地运用动作来表现音乐。

三、学前儿童韵律活动发展阶段性目标

(一) 小班

初步感知原地基本动作的节拍。

初步掌握简单的小幅度韵律动作。

通过参加集体的韵律活动及音乐游戏,从中感受到与他人交流的方法与乐趣。

(二) 中班

能够将韵律动作和音乐的节奏准确地协调起来。

培养幼儿参加集体韵律活动的兴趣,提高与他人协作的交往能力。

初步培养幼儿自主创新的即兴表演能力，并学会如何正确地表达自己的情感。

（三）大班

能够按照不同节奏的音乐，协调自己的韵律动作。

培养幼儿在集体韵律活动中积极主动的表现意识，并能够富有创造力地去大胆展示自己的与众不同。

熟练掌握一些道具的正确运用方法。

四、韵律活动的主要教育内容

学前儿童音乐教育中的韵律活动是指随音乐而进行的各种有节奏的身体动作。一般包括律动及其组合、舞蹈和音乐游戏三种类型。

（一）律动及其组合

1. 律动

律动是指在音乐伴奏下的韵律动作。它可以分为基本动作、模仿动作和舞蹈动作三种。

（1）基本动作。是指儿童在反射动作的基础上发展起来的日常生活动作，如走、跑、跳、拍手、点头、屈膝、晃手等。

（2）模仿动作。是指儿童模仿特定事物的外在形态和运动状况所做的身体动作。大致有以下五个方面的内容：动物的动作——鸟飞、兔跳、鱼游等；自然界的现象——花开、风吹、下雨等；日常生活的动作——洗脸、梳头、照镜子等；成人劳动或活动的动作——摘果子、锄地、骑马、打枪等；儿童游戏中的动作——跷跷板、拍皮球等。

（3）舞蹈动作。是指经过多年文化积淀、已经基本程式化的艺术表演性动作。学前儿童要学习和掌握的舞蹈动作，主要是一些基本舞步。例如,小班儿童要掌握碎步、小跑步;中班儿童在此基础上要基本掌握蹦跳步、踏步、侧点步、踵趾小跑步、踏点步、踏踢步;大班儿童要掌握进退步、交替步、溜冰步、跑跳步、跑马步、秧歌十字步等。除此之外,舞蹈动作还包括一些简单的手和臂的动作。例如,中班儿童要学习、掌握"手腕转动";大班儿童则学习基本的"提压腕",而手臂的动作主要是平举、上下摆、弯曲和划圈。

2. 律动组合

律动组合是指按一首完整音乐的结构组织起来的一组韵律动作。

幼儿园音乐教育活动中采用的律动组合一般分为节奏动作组合、模仿动作组合、舞蹈动作组合三种。

(1) 节奏动作组合。这是一种近年来从国外介绍进来的韵律活动。组合中的动作均为简单的击打、顿踏动作,而且这些动作通常都是能够发出声音的。例如,击掌,即拍击身体的某个部位。这种组合一般没有什么象征性的含义,但比较注意动作和音色变化的组织结构。

(2) 模仿动作组合。是指以模仿动作为主的韵律动作组合。这种组合一般也注意动作的组织结构,但更注意对模仿对象的表现。例如,模仿种子睡觉,种子发芽,幼芽长成大树,大树开花结果;模仿小姑娘起床梳洗,小姑娘去果园劳动等。

(3) 舞蹈动作组合。是指以舞蹈动作为主的韵律动作组合。这种组合比较讲究动作的组织结构,可以有表现简单情节的表演舞组合,也有注重队形在空间中的变化和舞伴之间的配合、交流的集体舞组合,还有在结构类型和结构方式上都比较自由、即兴的自娱舞。

(二) 舞蹈

舞蹈是动作的艺术,是通过音乐和动作塑造具体形象,表现一定主题，反映社会生活、抒发感情的一种视觉表演艺术。

幼儿园舞蹈的内容主要由一些基本舞步，如踏步、小跑步、踏点步、踏跳步、后踢步、进退步、跑跳步、华尔兹步、秧歌步、滑步等，加上简单的上肢舞蹈动作，如两臂的摆动、手腕的转动等，以及简单的队形变化所构成。幼儿园常见的舞蹈形式有以下五种。

集体舞：大家一起跳，基本上是做同样的动作，跳完一遍以后可以更换舞伴。这是人人都可以参与的舞蹈。

邀请舞：集体舞的一种变形，通常先有一部分人为邀请者，与被邀请者跳完一遍，然后双方互换角色继续跳舞。这是幼儿最喜爱的一种舞蹈形式。

小歌舞或童话歌舞：这是一种综合性较强的舞蹈形式，有一定的情节，分几个角色，可以将说、唱、跳几种音乐活动综合在一起，用歌舞的形式表演。这也是一种古老而极具生命力的幼儿音乐活动形式。

幼儿自己创编的舞蹈：幼儿在已经掌握基本舞步、舞蹈动作的前提下，根据对音乐情绪、性质的感受，自己随音乐创造性地想出各种舞蹈动作，以表达自己对音乐作品的理解。

表演舞：又称情绪舞，人数有限，一般为几人至十几人，可以有简单的队形变化。这类舞蹈可以在平日所学的歌表演或简单舞蹈的基础上加工而成，并在节日或家长会等活动中表演。

（三）其他节奏活动

其他节奏活动一般有语言节奏活动、人体节奏活动、节奏读谱活动等。其主要是通过各种不同形式的活动，训练幼儿的节奏感。

1. 语言节奏活动

音乐节奏的主要来源之一是人类的语言，语言本身含有丰富、生动、微妙的节奏。从小让幼儿从语言节奏入手掌握节奏，不仅容易掌握，而且富有生命力。最简单、最富于节奏性、最易于为幼儿所喜爱和掌握的语言节奏莫过于人名的节奏了。从熟悉小朋友的名字中，可以派生出由四分音符、八分音符组成的，最短小的拍的节奏单元。由此逐渐发展为叠、拍，从节奏上增加二分音符、附点四分音符、附点八分音符、切分音，并进行多声部的节奏练习。有些节奏对幼儿来说是有一定难度的，但是借助于"名字称呼"这一特殊方式来训练，不仅能使儿童提高节奏训练的兴趣，还会大大降低难度。

人名节奏练习可以成为幼儿语言节奏练习的起点，而一些节奏鲜明、朗朗上口的儿歌也是语言节奏练习的上好材料。如儿歌《七个阿姨来摘果》："一二三四五六七，七六五四三二一，七个阿姨来摘果，七个花篮手中提，七个果子摆七样，苹果、桃子、石榴、柿子、李子、栗子、梨。"

这首儿歌可以用以下六种方式来练习节奏：

（1）手拍固定拍，口诵儿歌；

（2）手拍语言节奏，口诵儿歌；

（3）将上述（1）、（2）结合，进行两声部练习；

（4）以"轮唱"的形式分组朗诵儿歌，可以同时结束，也可以不同时结束；

（5）手拍固定拍或节奏，口诵儿歌，最后一句分成两组轮流说出果子的名称，最后一种"梨"两组同时说，要求协调、整齐；

（6）口诵儿歌，幼儿手执不同的打击乐器，分别按节拍、节奏或新设计的节奏型敲击伴奏。

2. 人体节奏活动

人体就好像是一个天然的打击乐器，可以发出很多种美妙的声音，例如，拍手、拍腿、踏脚、捻指、弹舌、口诵等，人们可以边唱边做人体节奏动作。

另外，可以通过节奏模仿和节奏应答的方式来进行专门的人体节奏动作训练。所谓节奏模仿，即幼儿模仿教师的人体节奏动作，或幼儿之间相互模仿。这些动作可以从拍手开始，逐渐加进拍腿、踏脚、拍肩、抱胸、叉腰、点头、响指、弹舌、摇摆、脚跟、脚尖、拍手心或拍手背、变换方向或姿势拍手等。节奏应答是指教师拍出一个节奏，幼儿以拍数相同的另一种节奏来"回答"，还可以用不同的动作来回答。例如，教师拍手，幼儿可以拍腿、踏脚或拍肩等人体动作来回答。这些人体节奏动作同样可以结合起来进行多声部的节奏训练。

3. 节奏读谱活动

节奏读谱是匈牙利音乐教育家柯达伊进行节奏训练的工具之一，在幼儿园音乐教学活动中可以借鉴使用，本处不再做详细介绍。

五、学前儿童韵律活动能力的发展

学前儿童韵律活动能力的发展主要反映在以下四个方面。

（一）节奏感方面

节奏感方面的发展是学前儿童韵律活动能力的重要方面。人类天生就有感受节奏的本能。如新生儿的生活就被各种节奏包围：平时，妈妈对他讲的话里有长音有短音；拍着婴儿入睡和在他们清醒时玩拍手游戏，有不同的节奏；用发声的玩具和他玩时，能摇出不同的节奏。再如机体的生理活动如心跳、呼吸等也具有一定的节奏。实际上，只要细心帮助婴幼儿感受，生活中许多自然现象、动植物的生长、人类的劳动中都充满了节奏。在成人的教育下，婴儿自身活动中的节奏可以有很大的发展。

1. 婴幼儿自身活动中，节奏感的发展过程

（1）5~7个月能够拿玩具对敲或无意地敲打。

（2）8~24个月可以有意地敲打并弄出一些无规律的节奏。

（3）3岁左右注意使自己的动作，如拍手、走步等，符合音乐的节拍。

（4）4岁以后比较自如地随音乐做简单的模仿动作、舞蹈动作等，能重复别人或自己创造出简单的节奏型动作。

2. 在教师的培养教育下，幼儿节奏感的发展过程

以幼儿听音乐拍手这一动作为例，幼儿会经历以下三个发展阶段。

第一阶段：不合拍，音乐仅是起背景作用。

当教师要求幼儿听琴声时，他们并不能真正听着音乐的节拍来动作，往往将音乐当成要求做出拍手动作的"信号，和用语言说出"拍手"这一词的作用差不多，这时音乐只不过起着一种背景的作用。幼儿听见了琴声就知道该拍手了，于是连续不断地、比较快速地拍了起来，动作既不合拍也没有特定的含义，如客人来了表示欢迎，看了节目后表示感谢，或对某个小朋友的行为表示赞赏时所做的拍手的动作一样。这时虽然大家听的是同一曲调，但各人拍手的速度却不一样，听起来此起彼落，相当混乱。其中也会有个别幼儿由于在家中或托儿所中接受过音乐教育，节奏感较好，有时能有合拍的动作。

第二阶段：懂得注意听音乐，尽量使自己的动作合拍。

在教师经常提醒下，幼儿逐渐知道要听着音乐拍手，要控制动作速度，使动作能合上音乐的节拍。有的幼儿每两拍做一次拍手，有的幼儿一拍做一次或半拍做一次拍手。在这一阶段中，虽然幼儿开始注意使自己的动作合拍，但还是不能自始至终稳定地合着节拍拍手。常常可以看到这样的情况，开始时比较合拍，但到了中途就变得不合拍了。另外，在这一阶段中，幼儿拍手的动作也比较僵硬，态度、神情也显得有些紧张，需要高度的注意力。

第三阶段：动作自如，合拍。

步入这一阶段时，幼儿已逐步能从需要高度集中注意中解脱出来，动作的协调性也有所发展，不再那么僵硬，能比较自如、有弹性，表情也显得轻松多了。有的孩子还能在拍手的过程中，停止拍手动作去进行一些其他的活动，如因鼻子忽然发痒而去摸摸鼻子，或是因为自己的衣服翘起来了而去理理衣角，或是发现手绢没有塞好，伸手去把它塞入口袋等，当他们做完这些事情再回过头来拍手时，仍能合上拍子。但有个别幼儿还要进行相当一段时间的训练才能达到这一步。即使是拍手能合拍的幼儿，若要他们听音乐合拍地做一些需要手脚协调的动作，还是有一定困难的。

要能较自如、合拍地随音乐上下肢协调动作，必须在大脑对肌肉动作的控制能力、平衡能力有一定发展的情况下才能产生。动作的发展对节奏感的发展是有一定影响的。

另外，对小一些的幼儿来说，乐曲的速度也是影响他们动作能否合拍的一大因素。乐曲速度过快或过慢，都会使原来能够动作合拍的幼儿难以适应。这一现象的发生除因幼儿音乐经验不多之外，与幼儿控制、调节动作的能力还不够完善有关。

总之，随着儿童年龄的增长、大脑控制动作能力的发展，经常随音乐进行活动，他们的节奏感也会随之发展，但仍会存在个别差异。

(二) 辨别音乐性质方面

音乐的不同性质主要通过音乐的种种表现手段，如音的高低、速度的快慢、力度的大小、不同的节奏、不同的音色等表现出来。如较低沉的、有一定强度及速度缓慢的音乐，能表现出身体庞大、笨重、行动迟缓的熊的形象；高音区柔和的音色、稍快的速度，能表现出身体小巧轻盈、在天空中欢快自由飞翔的小鸟的形象。

同样，不同体裁的摇篮曲、进行曲、舞曲，或不同风格的乐曲，采用的音乐表现手段也会不同。

如何使幼儿能更好地感受这些不同特点、不同性质的音乐，并能很快地、正确地辨别出它们呢？这同样要借助于身体动作。如果幼儿在倾听熊走路音乐的同时能有机会随着音乐做熊走路的动作，这时他们会想象着自己是一只胖乎乎的大熊，迈着沉重的步伐，一步一步缓慢地向前移动着身体。他们可以从随音乐所做出的慢速、用力的动作中，更好地感受音乐的速度、力度等表现手段。这些通过动作所获得的亲身体验，能为以后倾听类似的音乐提供感受、辨别的基础。同样，如果幼儿在听表现欢乐、愉快的舞曲，英勇向前的进行曲，亲切温柔的摇篮曲，以及其他各种不同情感的乐曲时，也能有机会随音乐做出相应的动作，那么，在他们积累起一定的经验时，对感受与辨别不同性质、特点的音乐的能力也将会大大提高。

（三）音乐想象力、创造力方面

音乐想象力是指在已有的音乐形象上，创造新的音乐形象的能力。儿童的音乐想象、思维、创造力，往往要在积极进行活动的过程中才能产生、发展。幼儿随音乐做各种动物的活动，如熊走、兔跳；人物活动，如士兵走路、哄娃娃睡觉；植物的生长，如树长大、花开放；机器的运转，如飞机飞行、火车奔跑等。他们在做动作的同时，头脑中充满了这类活动的想象。有的孩子在做兔跳动作时，身体向两边转动，因为他正在寻找萝卜；有的孩子在做士兵钻铁丝网动作时，神情严肃，动作谨慎；有的孩子在哄娃娃睡觉时表现出一片温情；有的孩子在做飞机在空中飞行动作时，口中还发出发动机的嗡嗡声加以补充。在这些有节奏的动作中，幼儿的想象可以展翅飞翔，自由驰骋。

经常进行有节奏的身体动作，能大大促进幼儿想象力与创造力的发展。幼儿5~6岁时，当要求他们用各种不同的方法拍出某个节奏，或某首小歌的节奏时，他们能开动脑筋想出各种不同的拍手、拍肩、拍腿、踏脚、摆动手臂、走步等动作，很有创造性。

(四) 动作协调性方面

幼儿期正是动作发展的重要时期,幼儿在进行有节奏的身体动作时,通过学习各种模仿动作、基本舞步等,使大脑神经控制动作的能力和保持平衡的能力都有所发展,他们不仅逐渐能合拍地做简单的上肢动作,如拍手、开枪、轰炮、打鼓、吹喇叭等,而且还能合拍地走、跑及完成各种需要手脚协调、眼手配合的比较复杂的动作。如果注意培养,他们还能有控制地随音乐速度、力度的变化而相应地改变自己动作的速度与力度,能渐快渐慢、渐强渐弱地做动作,并达到比较灵活、自如的程度。幼儿能协调、灵活、自如地做出各种模仿动作、基本舞步,这就为他们能用动作来表达音乐所要诉说的意思,以及抒发自己的感情提供了条件。一个人的动作能协调、灵活、自如,生活上也会感到更为轻松、方便。

第二节 韵律活动的材料

韵律活动的材料包括动作、音乐和道具。因此,在为学前儿童选择韵律活动的材料时,也要分别从这三个方面来考虑。

一、动作

在为学前儿童选择或创编韵律动作时,要注意以下两点。

(一) 动作须体现兴趣

3~4岁儿童最感兴趣的是模仿动作,他们所关心的不是动作本身,而是动作所表现的熟悉事物。所以,在为4岁以下儿童选择韵律动作时,应以模仿动作为主,如生活动作、劳动动作以及各种动植物、交通工具、自然现象等。

3~4岁儿童对跟随音乐做他们所熟悉的基本动作也很感兴趣。因为跟随音乐做这些熟悉的动作,既轻松又有节奏感,与在生活中做这些动作有许多不同,所以,在为4岁以下儿童选择韵律动作时,也可较多地选择基本动作,如走步、拍手、点头、摸脸蛋、拉耳朵、用手指点等。另外,有些基本舞步,如小碎步、小跑步等,如果能够结合儿童所熟悉的事物,作为模仿动作的语汇提供给幼儿,他们也是很乐于接受的。

4~6岁儿童仍然对模仿动作抱有浓厚的兴趣。因此,在为他们选择韵律动作时,仍应多选模仿动作。但是,随着儿童年龄的增长,韵律活动经验的增加,中班以后,许多儿童特别是女孩子开始对动作的形式美产生兴趣。因此,在为中、大班儿童选择韵律动作时,可以逐步增加舞蹈基本动作的内容,以满足他们发展的需要。

(二) 动作须难度适中

儿童动作发展主要有三条规律:从大的整体动作到小的精细动作,从单纯动作到复合动作,从不移动动作到移动动作。

3~4岁儿童最容易接受的是不移动的单纯上肢大肌肉动作。随后,儿童可以逐步学会单纯的下肢动作。最后,在上述基础上儿童才能逐步学会做简单的上、下肢联合移动动作。另外,3~4岁儿童一般比较容易接受连续重复的动作,动作变换一般应在段落之间进行,偶尔也可以在乐句之间进行。

4~6岁儿童可以较多地学习移动动作。其中可包括含有腾空过程的跑、跳动作和复合动作,也可以学习手腕、手指、脚腕、眼睛、肩膀、膝盖等部位比较精细的动作。随着儿童记忆和反应能力的提高,动作变换可以较多地在乐句之间进行,甚至偶尔也可以在乐句之内进行。

总的来讲,儿童动作能力的发展是有限的,应尽量先从单纯的、不移动的、大肌肉的分解动作入手。例如,在学习侧点步手腕转动时,应在分别学会侧点步和手腕转动以后,再进行复合动作的学习。

需要指出的是,当儿童结伴做动作时,由于需要注意到相互间的配合，同一种动作的难度便相应提高了。因此，在为各年龄段儿童选择结伴律动时，应考虑儿童是否已经有了相应的单独做动作的基础动作反应能力。例如，在做"扶老爷爷走路"的动作时，要有学"老爷爷走路"的基础。

二、音乐

人们往往以为，中国风格的音乐和儿童音乐更贴近幼儿，因而也更容易受到幼儿的喜爱。实际上，这种认识是不太科学的。新生婴儿对音乐的选择标准，主要是依据生理上的舒适感，随着幼儿的成长，后天环境中的主要音乐风格逐步被幼儿所熟悉，同时被幼儿喜爱的程度逐步提高。而儿童音乐之所以越来越受到幼儿的喜爱，除了因为其风格样式逐步被幼儿所熟悉以外，还因为其心理和社会文化内涵逐步获得了幼儿的理解，这种被理解以后产生的喜爱是超越了生理舒适、熟悉感和满足感的更加高级的一种喜爱的情感。随着幼儿的继续成长，一些已经被幼儿过于熟悉的音乐风格和样式，会逐渐失去对年龄较大幼儿的吸引力。人们认为离幼儿较远的异国风格的音乐和成人音乐，却在这时由于其所带有的适度的陌生感、新异性和挑战性，开始逐步成为大龄幼儿自觉追求的对象。根据这一规律，人们在为韵律活动选择音乐时，可以考虑在托班阶段，以选择轻松愉快、性质较柔以及重复性较强（整个幼儿阶段都应相对比较重视音乐中重复性）的音乐为主，风格上可以比较随意，最好多选经典的音乐作品。在小班阶段，可注意逐步加大儿童音乐和一般性中国风格音乐的比例，让幼儿有充分的机会对这些类型的音乐获得熟悉和喜爱的感觉。在中班阶段，特别是在中班的后期阶段，可有意逐步加入具有明显民族特性的中国风格的音乐。在大班阶段，具有明显地域、民族特性的异国风格的音乐以及情绪健康向上、刺激适度的少量成人音乐都可以成为韵律活动音乐的选材对象。

幼儿园韵律活动中的音乐可以选择三种类型。第一种音乐类型是中外民间舞蹈音乐。此类音乐一般都十分朴素和单纯，且优美和具有良好的舞蹈性。例如，我国安徽的花鼓灯音乐、东北的二人转音乐，以及各地少数民族的舞蹈音乐等；再如，俄罗斯作曲家李亚多夫斯基根据本国民间舞曲创作的轻音乐小品《我和小蚊子跳舞》等。第二种音乐类型是中外作曲家以各国民间音乐为基础创作的舞蹈音乐和轻音乐作品的片段。这类音乐一般都具有民间舞蹈音乐的基本优点，且结构清晰，便于根据教学的需要节选和重组，其中有些甚至可以直接拿来使用。例如，中国成人舞蹈音乐《红绸舞》的片段，中国轻音乐曲《赶花会》；外国轻音乐曲《单簧管波尔卡》《特快列车快速波尔卡》《口哨与小狗》，外国芭蕾舞曲片段《拨弦》《西班牙斗牛舞》等。这些已经在许多幼儿园成功运用。第三种音乐类型是少儿或成人歌曲。这类歌曲往往特指通过大众传媒特别是电视，已经形成了弥漫性影响的健康向上且又具有潜在教育价值的那部分作品。如《歌声与微笑》、电影《黄飞鸿》的主题歌曲《男儿当自强》等。

三、关于使用的道具

幼儿在韵律活动中使用的道具一般有头饰、胸饰、服饰、手臂或手腕佩戴花簇，还有手中握的花、飘带、棍等道具，这些道具的使用一般要考虑以下三个方面。

（一）安全第一，便于表演

道具的来源、制作材料要求无味、无毒，不宜有尖锐的顶端，以免伤害幼儿。道具不宜过大、过重，应不妨碍幼儿做动作，能增强幼儿活动的趣味性，扩大动作的表现力。道具必须便于幼儿自己管理，取放方便，但又不能使幼儿过于关注而影响正常的活动。

（二）牢固美观耐用，能引发和丰富幼儿的想象、联想

道具是幼儿表演的辅助物，该物能促进幼儿想象，或能引起幼

儿的关注，使其愿意去探讨使用方法。如彩绸舞，有了彩绸能增添幼儿活动的热情，讨论彩绸的应用方法，制造活动气氛。所以道具制作不宜粗制滥造，也不应过于讲究逼真，最好事先引导他们自己设计制作道具，这对发展幼儿的思维能力和动手能力大有益处。

（三）不宜在经济上或教师的精力上作过多的投入

教师的经济来源是有限的，教师的精力也是有限的，所以道具的配用不可以过多地影响教师的生活和工作，教师应组织幼儿选择利用废旧的物品并设计加工使用，既经济又实惠，同时可以促进幼儿的创造意识、环保意识和动手能力的发展。

第三节 韵律活动的指导

一、律动活动的指导

刚入园的儿童，不会听音乐做动作，动作很不协调，走步不能合拍，速度不均匀，节奏感很差，不能马上学习游戏或舞蹈。因此，教师应当多采用直观、易于被儿童理解、接受的方法，从简单动作入手，循序渐进地进行。

（一）教儿童按节拍做简单的动作

在韵律活动之前，教师应先教会儿童听音乐，并合着音乐的节拍，教些简单的动作，如二拍子和四拍子的拍手、走步、摇手、点头、举手、叉腰、转身等。还可以教些模仿游戏的动作，如摇娃娃、洗手帕、吹喇叭、打鼓等。教这些动作时，教师不仅要示范、解释，还要逐个了解儿童，手把手地教儿童怎样做，具体帮助儿童摆出某种姿势或某个动作，使儿童从被动感受，逐步变成主动地、正确地掌握动作。

教儿童做动作时，教师要与儿童一起，边哼唱歌曲，边做动作。这样能吸引儿童注意,提高儿童学习的积极性。同时,进行巡回检查,直到儿童掌握以后,再让他们自己跟着音乐节拍做动作。

培养儿童合着音乐节拍做动作,教师可以选择一些性质相同的音乐交替播放,提高儿童的音乐感受力和兴趣,使儿童听到性质相同的音乐就会做出相同动作的反应。

小班后期,可以让儿童听 3 拍子的音乐,教他们摇船等动作,让儿童学会区分 2 拍子、4 拍子和 3 拍子的不同。随着儿童年龄的增长和经验的积累,教师可以有意识地改变音乐的速度和力度,让儿童做出相应的动作反应;还可以改换不同性质的音乐,检查儿童能否及时改变动作。如果开始时,儿童不能注意到音乐的变化,教师要用语言提示,如"音乐快了,手要拍得快些"等,以后逐步取消,让儿童自己听音乐,并做出相应的动作;有时也可以让乐感强的儿童做带头人,或者逐步过渡到全班儿童轮流做带头人,带动大家注意音乐的变化。

(二) 对儿童进行基本动作训练

1. 节奏训练

培养儿童的节奏感,要从小班就开始训练。除上述内容外,可以开始打击乐的训练。

中班以后,要训练儿童能使自己动作稳合在音乐的节奏上,并能随音乐旋律的变化而改变自己的动作节奏。

2. 控制训练

儿童控制能力差,表演动作的收式或起式都容易松松垮垮,训练中,教师要强调每一个动作的要领,教儿童把准、收稳。

(三) 丰富儿童的生活经验

由于儿童年龄小,缺少生活经验,对某些事物的形象不能用动作准确地表达和模仿,为了丰富儿童头脑中的表象,使儿童的律动表演和模仿动作生动形象,并表达出一定的感情,必须丰富儿童的生活经验,使他们对所要表现的形象有一定的认识和理解。下面介绍两个实例。

1. 实物观察

小班儿童在学习"鸭走"之前,教师带领儿童来到动物园,去观察鸭子长得什么样,是怎样走路的,儿童通过亲眼观看,对鸭子的外形特征、走路特点有了一定的印象。教学时,当教师一提出要学"鸭走"动作,儿童就会做出了不同的反应。有的儿童把双手放在嘴前学鸭叫,发出"嘎、嘎"的声音;有的儿童双腿弯曲,双手放在身体两侧,脚呈八字形,左右摇摆,显出笨拙的样子,模仿鸭子走路。因为,儿童通过亲眼观看,在脑中留下了比较深的印象,所以在随音乐做这些动作时,就能用各种方式,富有感情地表现出来。同样,在中大班儿童学习表演"种树苗"的动作时,先组织儿童观看教师亲手种下一棵小树苗,使儿童了解种植树苗的整个过程。通过演示,儿童在表演模仿动作时就会更为逼真。

2. 让儿童亲自动手、体验生活

小班儿童在学习表演"洗手帕"动作之前,让每个儿童准备好一条手帕,在自己的小盆里搓洗,儿童认真地洗着,并不断地发出欢闹声。虽然有的儿童把衣服弄湿,把水洒了一地,但儿童对怎样才能把手帕洗干净有了一定的认识。在教动作时,儿童马上就会想起自己洗手帕的情景。于是,有的儿童把衣袖高高卷起,有的儿童做拿盆盛水的动作,有的儿童做双手用力搓、擦肥皂、拧干、晾晒等一系列动作。经过自己动手实验,不仅加深了儿童对所学动作的记忆,还能够创造性地表演。

(四) 设法引起兴趣

兴趣是学习的内驱力,在丰富儿童生活经验的基础上,还应考虑采用哪些方法来引起儿童的注意力,调动他们学习和表演律动的积极性。下面介绍一些有经验的教师常用的一些方法。

1. 运用教具引起兴趣

运用教具引起兴趣，对小班儿童来说特别有效，如学习表演日常生活的洗脸、刷牙、梳头这几个模仿动作时，教师事先准备好教具：小毛巾、小牙刷和小梳子，再挑选一个大一些的娃娃。教学时教师边哼唱律动的音乐，边用娃娃的手拿着上述教具逐个做出洗脸、刷牙、梳头的动作，这样做不仅能引起儿童的兴趣，还能使儿童准确地感受和理解动作与音乐的节奏。儿童学习和表演青蛙跳的动作时，可用硬纸片及铅丝做一个可活动的青蛙教具，随音乐拉动青蛙做出蛙跳的动作。在儿童学习这一动作时，大青蛙（由教师拿着）可和孩子们一起跳（实际上是教师边跳边拉动青蛙的双腿），儿童会格外感兴趣。儿童学习兔跳动作时，教师可以用木偶小兔随音乐跳动，然后启发儿童学习模仿兔跳动作。也可用拉线教具表演小鸟展开翅膀一上一下地飞舞，以引起儿童学习鸟飞的兴趣。

2. 用儿歌、故事等引路

教师可以朗诵一首有关某个动物形象的儿歌、谜语或讲一个短小的故事，以激发儿童学习和表演新动作的兴趣。

3. 教师的表演

在儿童学习小鸡走路的动作时，教师可以戴上小鸡的头饰，装扮成小鸡走来，捉捉虫、喝喝水、抖抖翅膀，儿童看得入神，自己也会迫切地想要模仿教师的表演。

二、舞蹈的指导

（一）熟悉音乐

音乐是舞蹈的重要组成部分，舞蹈动作要依据音乐来进行。教师应引导儿童倾听音乐，熟悉音乐的特点和变化，注意动作和音乐的关系。加深儿童对音乐节奏、情绪的体验,按音乐的节拍做动作。若以歌曲伴随舞蹈,应让儿童先学习唱歌,再学习舞蹈动作。

(二)教师示范

在儿童学习舞蹈动作之前,教师要随着音乐完整地示范表演舞蹈。教师的示范动作要准确、熟练,精神饱满,富有感染力。

(三)语言提示

在教动作的过程中,教师可以合着音乐的节拍,运用一些口令辅助教学。例如,教儿童小跑步时,可运用口令或配合曲调唱"脚跟、脚尖、跑、跑、跑",也可用"跟、尖、一二三"来提示幼儿。学习"三步"时,可以配合曲调喊"左右左,右左右",也可用口令"一二二,一二三",但不能过分依赖语言的作用,不能用口令代替音乐,要尽快地让儿童从听口令做动作过渡到跟着音乐节拍做动作。

(四)学习舞蹈队形

儿童基本学会跳舞以后,教师还要告诉他们队形的排列。关键是让儿童了解自己所处的空间位置及其与别人的关系。例如,自己站在哪边,前后左右是谁,做完一个动作应向哪个方向转身或走哪条线路,经过谁的前面或绕过谁的后面,排成什么样的队形等。之前,应让儿童看一次完整的示范,可以先组织一部分儿童排队形,另一部分儿童观看,然后互换;也可以同时组织全体儿童排队形。有时,还可以采用一些辅助方法。例如,教师可以边讲边在黑板上画出队形图和变换队形时的路线图。这种方法对于大班儿童或舞蹈能力较强的儿童能起作用,但对小班儿童或舞蹈能力较差的儿童就不太适宜。碰到较难练或变换比较复杂的队形时,排练中可以在地上画出记号,帮助儿童掌握自己的位置。

第六章　学前儿童打击乐演奏活动

第一节　打击乐演奏活动的教育内容

一、打击乐演奏活动的材料

（一）打击乐曲及选择

1. 打击乐曲

学前儿童音乐教育活动中使用的"打击乐曲"有两种：一类是纯粹的打击乐曲，即专门为打击乐器创作或仅由打击乐器来演奏的乐曲；另一类是特定的歌曲或器乐曲。第二种打击乐曲是目前学前儿童音乐教育活动最常使用的。此类作品一般又由两部分组成：一部分是歌曲或器乐曲；另一部分是根据这首特定的歌曲或器乐曲专门创作的打击乐器演奏方案，即配器方案。这些配器方案有的是由专业音乐工作者创作的，有的是由幼儿教师创作的，也有的是学前儿童在教师的帮助下自己创作而成的。

为学前儿童选择打击乐器的音乐时，除了应注意节奏清晰、结构工整和旋律优美、形象鲜明外，还要考虑以下因素。

（1）为4岁以前的学前儿童选择的音乐，最好是学前儿童比较熟悉的歌曲或韵律活动的音乐。音乐的节奏最好比较简单，结构大多数应是短小的一段体。

（2）为4岁以后的学前儿童选择的音乐，除了可以继续选用歌曲或韵律活动的音乐外，还可以选用一些器乐曲。音乐的节奏也可稍复杂一些，结构可以是一段体，也可以是两段体或三段体。在选择的音乐中，最好能够包括一些比较鲜明的、有规律的对比因素，即乐句与乐句或乐段与乐段之间存在比较明显的差异。

2. 打击乐曲的选择标准

为学前儿童选择打击乐配合演奏的音乐时，除了应注意节奏清晰、结构工整和旋律优美、形象鲜明外，还要进行多方面的考虑。

对于3～4岁的学前儿童，最好选择学前儿童比较熟悉的歌曲或韵律活动的音乐。音乐的节奏最好比较简单，结构应该全部是短小的一段体。

对于5～6岁的学前儿童，选择的音乐不一定全是学前儿童学过的歌曲或韵律活动的音乐，音乐的节奏也可稍复杂一些，结构可以是一段体，也可以是两段体或三段体。在选择的音乐中，最好能够包括一些比较鲜明的、有规律的对比因素，如乐曲的乐句与乐句、乐段与乐段之间存在比较明显的差异。

（二）打击乐器及选择

适合学前儿童的打击乐器演奏的知识技能主要包括：乐器和乐器演奏的知识技能、配器的知识技能及指挥的知识技能。

1. 打击乐器

适合学前儿童使用的打击乐器主要如下。

（1）大鼓。大鼓是用皮革蒙在筒状的共鸣箱上，靠用鼓槌敲击引起的振动发音的，其声音比较低，用力击打时能产生很强烈的音响；轻轻击打时又能发出柔和绵长的音响。敲击鼓面的中心位置时，声音浓、厚且延续音较长；敲击鼓面的边缘部位时，声音稍脆、薄且延续音较短；敲击鼓的边框（共鸣箱），还能获得更脆、更硬、更短的声音。演奏时一般用右手持鼓槌敲击。

（2）铃鼓。铃鼓是用皮革蒙在带有可活动的金属小钹的木制圆框上，靠用手敲击或摇晃引起的振动发音。其声音很特殊，既具有鼓的声音，又具有铃的声音。铃鼓可以有多种演奏法，不同的演奏法可使之发出不同的声音。如击奏鼓心时发音较柔和；击奏鼓边时发音较明朗；用手击鼓面时，鼓的声音比较明显；用鼓身撞击身体（如肩、肘、膝等）部位时，铃的声音比较明显；猛烈地摇动时，所发出的音响容易让人感到激动；轻柔地摇动时，所发出的音响会让人感到安宁。

（3）串铃。串铃是金属制成的小铃串在圆形、半圆形或棒形的固定物上，演奏时靠敲击、摇晃或抖动引起振动发音。

（4）碰铃。碰铃是用一对金属制成的小铃，各自固定在一个可抓握的柄上，演奏时靠相互撞击引起的振动发音。其声音清脆明亮，相比锣、钹等金属乐器，音色也较柔和。在打击乐器中属高音乐器，音量也相对较小。

（5）三角铁。三角铁是一根弯成等边三角形的圆柱形钢条，用绳子悬挂，演奏时靠敲击另一根金属棒发音。其音色与碰铃的音色相似，但音量比碰铃大，延续音也比碰铃长。演奏时一般是左手提着悬挂三角铁的绳子，右手持棒敲击三角铁的底边。如在三角铁的上端快速左右撞击，或在三角铁内快速转动撞击各边，可以产生激动人心的音响效果。

（6）钹。钹是一对用铜合金制成的圆盘，中央微凸，演奏方法是撞击或摩擦来发出声音，也可将其中一面悬挂在支架上，用槌敲击。其声音响亮，延续音长，在强奏时音色比较粗糙、刺耳。敲击时用力的方法、程度不同，发出的声音就不同。如果不需要过长的延续音，可在敲击后将钹面捂在身体上，或用手将其边缘捏住。

（7）锣。锣是一个用铜合金制成的圆盘，用绳子固定在可抓握的木柄上。演奏时用锣槌敲击引起的振动发音。一般有大锣、小锣两种。大锣声音低沉，延续音长；小锣声音明亮，也有较长延续音。大锣一般用软槌敲击，敲其中心时，声音柔和；敲其边缘时，声音较粗糙；轻击时，声音柔和；重击时，声音刺耳。小锣一般用硬槌敲击，轻击时，声音清脆明亮；重击时，声音尖锐刺耳。锣演奏时，一般是左手持锣，右手持槌。

（8）木鱼。木鱼由木头刻制，类似鱼状，中空，在头部开口。演奏时用木制敲棒敲击，发音清亮干脆，几乎没有延续音。演奏者一般是左手握住木鱼的"尾部"，右手持敲棒敲打"鱼头"的顶部。

（9）双响筒。双响筒是一段中间有节的木筒，下端装有握柄。演奏时，演奏者是左手持柄，右手持棒，敲击发出声音，敲击点一般是节到边缘的中点。其声音与木鱼很相似——干脆、清亮，几乎无延续音。与木鱼不同的是，双响筒被节分开的两头各自可发出高低不同的音，这两个音大约相差五度，当连续敲击时，可发出类似马蹄踏地的声音。

（10）圆弧响板。圆弧响板是两片贝壳状木块，中间用松紧带连接构成。圆弧响板也是通过敲击振动发音，其声音与木鱼、双响筒很相似，但由于共鸣腔较小，所以声音更脆、更亮、更短。演奏时可用单手捏合的方法使两板撞击发音；也可将其放在左手手心，用右手向下拍击发音。

（11）蛙鸣筒。蛙鸣筒是一段带有握柄的木制圆筒，筒的表面刻有若干沟槽。演奏时，演奏者左手持蛙鸣筒的握柄，右手持棒，用竹或木制小棒刮、擦发音。用刮擦的方式演奏蛙鸣筒，其音色类似青蛙叫，强奏音响刺耳，弱奏音响柔和。蛙鸣筒也可用敲奏的方式演奏，此时音色与木鱼等乐器类似。

（12）沙球。沙球是椰壳或塑料制成的空心球体，内装细小粒状物，腔体全封闭，下端装有握柄。演奏时，演奏者双手各持一个沙球，用臂带动手腕上下震动发音。可左右手依次震动，也可双手同时震动。其声音轻柔，有微弱毛糙感。

2. 乐器的选择

（1）乐器的音色要好。目前市面上很多学前儿童打击乐器都是采用一些代用材料制成的，虽然为了解决当前教学的需要，代用材料的乐器也可以使用，但其音色会大打折扣，无法带来更好的教学效果，不利于学前儿童的音乐启蒙，进而影响到音乐艺术教学活动的展开。

（2）乐器的形状、大小、重量应合适。学前儿童持握铃鼓直径一般不宜超过15厘米，最好选用12厘米左右的；碰铃铃口的直径最好在3厘米左右；三角铁钢条的横断面直径最好在3厘米左右；木鱼的底面积一般不应大于学前儿童的手掌面积等。

（3）乐器的特定演奏方法要适合。根据不同年龄学前儿童的运动发展水平，3～4岁学前儿童可以选用的乐器有：铃鼓、串铃、沙球、圆弧响板和碰铃。前3种乐器的奏法都是右手持乐器，再用右手拍击左手使乐器发音。圆弧响板的奏法略有不同，即左手手掌托住圆弧响板不动，右手先上提然后再向下拍击使乐器发音。碰铃的演奏法也与此类似，左右手各持一个碰铃，然后用类似拍手的方法使之相互撞击发音。

4～5岁学前儿童除了可以继续选用上述乐器以外，还可以选用木鱼、蛙鸣筒、小钹和小锣。木鱼在敲击时需要使用腕部的小肌肉，对于手眼协调也有一定的要求；蛙鸣筒在刮奏时需均匀地持续用力；小钹和小锣在击奏时需有控制地用力。这些乐器演奏要求比较适于4～5岁学前儿童。另外4～5岁学前儿童还可以选用铃鼓的摇奏法。

5～6岁学前儿童还可以增加选用双响筒和三角铁。这两种乐器的演奏对用力均匀和手眼协调都有较高的要求。另外，5～6岁学前儿童还可以选用圆弧响板的捏奏法、沙球的震奏法和小钹的擦奏法。

3. 乐器的管理常识

教师应该了解一点乐器的管理常识。例如，一般6个班级规模的学前儿童园，至少应该配置一个班级用的乐器组合。按每班45人计算，应该购买15个铃鼓、15个响板、15对碰铃。有条件的幼儿园还可以另外配置一面大鼓、一个吊钗、一副双响筒。条件再好一点的幼儿园可以专门为小班学前儿童配置45个串铃。规模更大一些的学前儿童园可根据具体情况将基本乐器的数字增加到 30 件、45 件或 60 件（副），还可以少量配置三角铁、蛙鸣筒、小锣、小钹等特色乐器。为班级配置的乐器应该专箱放置，如，响板放在一个小箱里，碰铃放在另一个稍大一些的箱子里，铃鼓则在一个大的塑料箱里摆放整齐，然后再把另外两个放碰铃和响板的箱子放在塑料箱的空余处摆放整齐。乐器统一存放在学前儿童园的资料室，班级需用时办理借用手续，用完后原数、原样归还。小班活动前可由教师办理借用，并由教师组织或指导学前儿童分发、放还、摆齐。中、大班可以在教师指导下，让学前儿童自己来完成这些事情。

（三）配器方案的种类及选择

1. 配器方案的种类

配器指的是在学前儿童的打击乐教学中，由教师引导、组织学前儿童用集体讨论的方式，选择适当的节奏型和乐器，为乐曲设计伴奏的活动过程。在配器过程中，教师要注意各种乐器的布局和音色的搭配、对比，整个方案应注意和谐、优美，能产生良好的共鸣效果和音乐效果，给人以愉悦的享受。配器方案的记录主要通过总谱来实现。成人音乐创作中所使用的通用总谱，即节奏谱也可以用来记录配器方案。由于节奏谱简洁明了，但缺少生动形象，因此幼儿园通常会使用变通总谱来记录配器方案。打击乐演奏活动中常用的变通总谱有动作总谱、图形总谱和语音总谱三种。

（1）动作总谱。动作总谱指的是用身体动作来表现配器方案。在设计动作总谱时，除了用身体节奏动作，还可以用模仿动作、舞蹈动作等作为总谱的材料，如画圈、摆手等，但一定要注意动作的选择和旋律的特点一致。旋律舒展的乐句可以选用舒展的动作来表现；旋律欢快、节奏跳跃的乐句可以用轻快跳跃的动作来表示。无论选择何种动作，都要注意难度不宜过大，肢体动作不宜笨重、密集，要适合学前儿童的肢体发展水平。

（2）图形总谱。图形总谱指的是用形状和色彩来表现配器方案。图形总谱用线条、图画、简单几何形体、乐器的象征图等来表现节奏、音色、速度的变化和结构。图形总谱主要是用于较为复杂的乐曲配器方案中，它可以帮助学前儿童更加清晰明了地感知乐曲的结构和音色的布局。学前儿童通过观察图谱，更加清晰掌握节奏型，图形总谱的学习也要经过徒手练习的阶段。

在图形总谱中，用大括号代表 A 段的第一小节和第二小节，波浪线代表第三小节，小圆点代表第四小节的三个跳音，依次重复。由于该曲结构复杂，对于学前儿童来说只靠动作是没办法完全记住的，这时教师可以先引导学前儿童边看图边听音乐，几次之后，学前儿童就对音乐的结构有了鲜明的了解。

（3）语音总谱。语音总谱指的是用嗓音来表现配器方案。语音总谱可以使用动植物的名称，也可以使用有意义的各种字词、象声词、无意义衬词等来表现节奏、音色和速度。

在音乐艺术的演奏活动中，教师采用以上总谱能够帮助学前儿童感知和理解音乐的结构和节奏型，这些总谱可以分开使用，也可以同时使用。语音总谱和图形总谱都需要通过动作来实现对节奏型、配器方案的掌握。因此，语音和图形都应清晰明了，能用动作来表现。在学前儿童正式演奏乐器时，不论哪种变通总谱都是要经过徒手练习来实现的。

2. 配器方案的选择

（1）配器方案的特点。

①适合学前儿童的实际能力。适合学前儿童的实际能力，在这里有两层意思：其一，是适合学前儿童使用乐器的能力，配器方案中选用的乐器种类和演奏方法应是特定年龄阶段学前儿童能够接受的；其二，是适合学前儿童对变化作出反应的能力，配器方案中的节奏变化和音色变化，其频度和复杂程度应是特定年龄阶段学前儿童能够接受的。例如，在为 3~4 岁学前儿童选择的配器方案中，

一般宜在乐段之间变化音色；在为4～5岁学前儿童选择的配器方案中，一般可在乐句之间变化音色；在为5～6岁学前儿童选择的配器方案中，不仅可以考虑在乐段之间、乐句之间，甚至乐句之中变化音色，还可以考虑在乐段之间、乐句之间甚至乐句之中变化节奏。

②有一定的艺术性。有一定的艺术性，在这里也有两层意思：其一，配器产生的音响效果能够与音乐原来的情绪、风格、结构相一致；其二，配器产生的音响效果既要富于趣味性、新颖性，又要具有整体统一的美感。

（2）打击乐曲的编配步骤。

①熟悉音乐。对音乐进行反复哼唱、弹奏、倾听和感知、体验。

②揣摩、分析。揣摩音乐的情绪、风格和趣味，注意抓主要矛盾，对非主要细节做"省略"处理或"模糊"处理。分析音乐的节奏特点和结构特点，感知音乐结构中部分与主体的关系、重复与变化的关系。

③安排节奏型和音色的布局。既可以通过节奏和音色的改变强调"变化"，又可以通过节奏和音色的改变强调"统一"。对于小年龄的班级，比较简单的作品，可多采用"相辅相成"的处理方法，即音乐节奏与配器节奏相同或相似。对于较大年龄的班级，比较复杂的作品，偶尔也可以采用"相反相承"的处理方法，即故意拉大音乐节奏与配器节奏的区别。

④试奏和调整。

⑤记谱和转换乐谱。

二、指挥

在打击乐演奏活动中，对"指挥"和"看指挥演奏"的学习对学前儿童的音乐成长和全面发展来说有着特殊的意义，这些意义与成人在专业音乐活动中指挥的意义有较大的不同。通过参与这些活动，学前儿童能够学会如何与人沟通、与人合作，以及如何与人相互协调。因此，学前儿童指挥者一般情况下可以不必学习专业性的起势、收势和划拍，而只是学习如何自然地开始、结束、轮流、交替和击打出所要求的节奏型，必要时还可用相应乐器演奏方式的模仿动作作为指挥动作，如在指挥小铃演奏时，教师可以用两手食指轻轻相触的方式指挥。

与此有关的知识技能如下。

用动作表示"准备""开始"和"结束"，并能使自己的动作清楚、明确，易于让被指挥者做出反应。

在指挥时应将两腿稍稍分开，站稳，以便于灵活地将身体转向任何声部。

在指挥时应将身体倾向于被指挥者，用亲切、热情的眼神注视着被指挥者，并能用体态和表情激起被指挥者的合作热情。

如何用指挥动作表现节奏和音色的变化，并能使自己的动作与音乐协调一致。

教师在声部转换之前，提前将自己的头部和目光转向下一个将要演奏的声部。在组织建立声部时，尽量使用手势和眼神，减少语言指示。

三、打击乐器演奏的规则

（一）活动开始和结束的规则

听音乐的信号，整齐地将乐器从座椅下面取出或放回。这些音乐信号可以由教师提出，也可以是教师和学前儿童共同商议而定。

乐器拿出后但并不演奏时须将乐器放在大腿上，不发出声音，眼睛也不看乐器，例如，碰铃、沙球等乐器。有些乐器只需单手拿放，如圆弧响板；还有些乐器应双手同时持握，如铃鼓。

开始演奏前，按指挥者的手势整齐地将乐器拿起，做好准备演奏的姿态。如看到指挥者双手向前伸出，手心向上，就表示"拿起乐器做好演奏的准备"。

演奏结束后,按指挥者的手势将乐器放回大腿上。如看到指挥者两手手心朝下,缓缓地放下,就表示"演奏结束,将乐器放在腿上"。

活动结束后,自己收拾乐器和整理场地。

(二)活动进行的常规

演奏时身体倾向指挥者,眼睛注视指挥者,积极地与指挥者交流。

演奏时注意倾听音乐和他人的演奏。

演奏时注意力集中,不做与演奏无关的事情。

交换乐器时,需先将原来使用的乐器放在座椅上(不要放在座椅下面),再迅速地、无声地找到新的座位并拿起新乐器,坐下后马上把新乐器放在腿上做好演奏准备。交换过程中不与他人或场内的座椅相互碰撞,坐下时不使座椅发出声音或发生移动。

第二节 打击乐演奏活动的教学方法与设计、指导

打击乐是学前儿童音乐教育活动中最常使用的一种,也是学前儿童非常喜爱的活动之一。打击乐活动不仅可以培养学前儿童的节奏感,还可以培养学前儿童的控制能力、集体意识及多方面的协调能力。然而,组织打击乐活动并不是一件容易的事。传统的打击乐教学法是一个声部一个声部地教和学,然后再合起来演奏,并在合奏时要求各声部不要去听其他声部的演奏,仅凭着指挥或听伴奏旋律来进行演奏,以免受到干扰。这种教学方法非常费力,并且也很难取得理想的效果,师、幼双方都难以从活动中感受到快乐。如今所倡导的整体打击乐教学方法,能有效改善传统教学法的不足之处。

第六章　学前儿童打击乐演奏活动

一、学前儿童打击乐演奏能力的培养

(一) 激发学前儿童演奏打击乐器的兴趣

要开展打击乐演奏活动，首先要培养学前儿童对打击乐的兴趣。教师应提供打击乐器让学前儿童自由探索，辨别打击乐器的声音。平时教师可以带领学前儿童聆听大自然的声音，并将这些声音联想到乐器的声音，来丰富学前儿童关于乐器种类和音色的知识。教师引导学前儿童运用身体动作操作环境中的物体、打击乐器和自制打击乐器，探索使操作材料发出声音的各种可能性，分辨各种声音的音色差异，积累有关音色的表象；还可以鼓励学前儿童把听到的各种声音画下来，引导学前儿童将听觉表象转换成视觉表象。

(二) 教导学前儿童正确的乐器操作方法

乐器操作能力主要指运用乐器奏出想要的特定音响的能力。打击乐器的基本操作能力包括对特定乐器演奏方法、特定音响之间关系的认知能力和操作能力、探索能力和一定的乐器知识等。在教学时，教师可以给学前儿童看图和实物来介绍各种乐器的名称、用途和相关的知识，反复敲打乐器让幼儿听辨乐器发出的声响。在介绍的过程中教师应重点示范讲解乐器的操作方法，让学前儿童发现每种乐器不同敲打方法会发出不同的声音，帮助他们顺利地掌握打击乐器的演奏方案，同时可以运用一些动作、语音、图形、色彩等来帮助学前儿童记忆演奏方案，将其视为"变通乐谱"，引导幼儿找出最合适的方法演奏乐器。

(三) 培养学前儿童的节奏感

对学前儿童进行打击乐教学活动的时候，一般都需要伴奏音乐，使用节奏鲜明的伴奏音乐更容易感染、打动学前儿童，并能培养学前儿童的节奏感。教师在哼唱或用琴伴奏时也要注意声音表达的情绪感染力。为了培养学前儿童的节奏感，教师可以在教室中布置音乐角，放置一些打击乐器（可以是自制的，如可乐罐里放一些沙砾），让学前儿童能随时取用。在演奏乐器时应注意循序渐进，开始时可让学前儿童拿着各种能发出声音的东西（如木块、筷子、瓶子及装沙子的盒子等）敲打着玩，让学前儿童发现各种不同物质会发出不同的音响，接着再引导学前儿童去认识和掌握各种打击乐器的性能及音色等，并让学前儿童通过亲自操作知道用不同的方法敲打乐器可产生不同的音响，这些发现都能促使学前儿童以更浓厚的兴趣去探索奇妙的音色与节奏。在学前儿童对乐器有了兴趣之后，再组织他们用打击乐器为歌曲合节奏。最后，让学前儿童每人手拿一件乐器（简单的乐器）合着节奏敲打。在日常生活中，教师可以经常放些节奏明快的乐曲录音，鼓励学前儿童为音乐配节奏，让他们在自由、宽松、随意的环境中参与演奏活动。

（四）让学前儿童学习看指挥演奏

指挥是打击乐演奏的一个核心。在学前儿童打击乐演奏活动中，担任指挥者的可以是教师，也可以是学前儿童。一般最初是由教师担当指挥者，待练习熟练后可以由学前儿童担任指挥，一般采用击打节奏型指挥法。指挥者要注意本身的动作应到位、准确，热情洋溢。在声部转换前，提前将自己的头部和目光转向下一个将要演奏的声部。教师要坚持培养学前儿童良好的看指挥演奏的习惯。教学前儿童学习分声部看指挥时，可以把身体动作指挥或乐器演奏的模仿动作指挥以及语言提示逐步过渡到用手势指挥和看眼神提示。

（五）培养学前儿童和同伴合奏能力

教师指导学前儿童完成打击乐演奏要注意培养学前儿童和同伴合奏的能力，让学前儿童在演奏过程中注意倾听自己、同伴、集体的演奏，并努力使自己的演奏服从整体音响形象的塑造要求。培养合奏能力能够使学前儿童反复欣赏、感受乐曲的性质和节奏。在教学过程中可以从徒手模仿乐器动作到实际操作动作的顺序进行。为避免学前儿童反复练习感到枯燥,在指挥时不断改变指挥方案以调动学前儿童的注意力和积极性,学前儿童演奏时就会特别地专注演奏出的声音,也就自然地与同伴的声音保持和谐统一,并体会到合作表演的愉快。

(六) 鼓励学前儿童创造性地即兴演奏

学前儿童时期的创造力是无穷的,因此教师要把握好学前儿童这一时期的特点,在配器过程中让学前儿童相互讨论他们想出来的配器方案。由于是自己创编的配器方案,学前儿童在演奏时就特别认真,注意力十分集中。教师可尝试让学前儿童即兴指挥,提供机会让学前儿童自由讨论确定指挥方案,鼓励学前儿童大胆上台指挥。在学前儿童有一定乐器演奏经验的基础上,让学前儿童探索自制打击乐器,讨论乐器发出的声音,引导学前儿童联想有关的创造性表现行为,并请学前儿童为乐曲表现的内容或故事情节配器。

二、打击乐演奏的整体教学法

(一) 整体教学法的基本特点

打击乐器演奏的整体教学法主要让学前儿童在学习中了解到作品的整体音响形象,让学前儿童明白自己为合作演奏付出的努力是建立在主动追求自己所了解的整体音响形象的基础之上的。整体教学法作为一种完整的方法体系,又包含三种重要的具体方法:变通总谱法、击节奏型指挥法、引导参与创作法。

1. 变通总谱法

是指运用便于学前儿童感知记忆的"变通乐谱"作为辅助工具,以提高新作品的学习效率,并为学习过程带来更多愉快感受的一种具体方法。简单来说，就是一些便于学前儿童感知、理解和记忆的"符号"体系，例如，简单的图形结构、动作组合和由嘴巴发出的声音组合等。

2. 击节奏型指挥法

是相对以前专业指挥使用的"划拍指挥法"而言的一种变通方式。因为学前儿童在学习演奏新的作品时，教师使用与学前儿童不同的动作节奏划拍，容易干扰学前儿童再现自己所要演奏的节奏型。所以，他们更需要教师使用与他们的演奏方式相同的动作来指挥。

3. 引导参与创作法

是为了给学前儿童提供自由探索和创造性表达的机会，因为经常被允许和鼓励进行自由探索，能够大大拓展学前儿童的见识并且提高自信。在即兴演奏中，经常自由探索和表达的学前儿童会更自信且更放松，可以避免因不必要的紧张而造成的不流畅。在设计性的演奏中，学前儿童经过认真思考创造出来的演奏方案，也更容易被学前儿童认真对待。

（二）整体教学法的特别之处

过去我们所使用的教学法是先分声部学习和练习，然后再将所有声部合起来演奏。而整体教学法的程序是："先整体后分部"的程序，该程序主要适应各声部间相互依存性较强的作品；"累加"的程序，该程序主要适应含有一个或一个以上相对独立声部的作品。

传统的教学方法主要是示范、模仿、练习，目的主要是使学前儿童学会演奏打击乐作品；整体教学的方法是示范、模仿、练习与有引导的创造性表现相结合，目的主要是在参与演奏打击乐作品的活动过程中促进学前儿童全面发展。

1. "先整体后分部"程序的步骤

整体教学法的"先整体后分部"的程序适用于各声部之间形成交错进行关系,整体音响上较为单纯的作品。一般包括以下步骤。

(1) 导入,引起兴趣。

(2) 欣赏或进行简单的身体节奏活动,初步感知主旋律的情绪、风格和基本拍子。

(3) 模仿学习变通总谱或在教师指导下参与创作变通总谱的具体内容(基础较薄弱的班级最好先从模仿开始),进一步把握作品整体音响的横向(句子和段落之间的)结构和纵向(声部与声部之间、配器与旋律之间的)结构。

(4) 在熟练掌握总谱的基础上,进行分声部的徒手练习。练习时所有声部同时进行,重点注意相互倾听、相互配合,以便创造出心目中已经初步建立的整体音响效果。在这一步骤中,学前儿童要观察教师的指挥。教师指挥时所做的动作最初应该与学前儿童所做的动作完全相同。待熟练后,教师可改用击拍法,但仍然要把要求学前儿童演奏的节奏型打出来。

(5) 个别学前儿童学习指挥,集体练习。教师可鼓励有潜力的学前儿童根据自己的情况部分地改变原定的练习方案(这个程序并非一定要有)。

(6) 在教师的指挥下进入实际的多声部乐器合奏练习。

(7) 个别学前儿童练习指挥,集体练习合奏。教师可鼓励担任指挥的学前儿童根据自己的情况适当改变原定的配器方案。但在这一步骤中,由于已经进入多声部的合奏练习,为了减轻大部分学前儿童的注意、记忆负担,保持甚至增强演奏的热情,教师必须要在开始演奏之前让全体学前儿童对将要发生的改变做好思想准备,并注意引导学前儿童认真倾听、比较整体音响的情趣发生了什么样的变化。

(8) 改进的练习。根据需要将特色乐器逐步加到乐队中去。每次发生变化后，教师都应引导学前儿童倾听、比较并鼓励能力强的学前儿童对这些变化加以描述（这个程序并非一定要有）。

2. "累加"程序的步骤

"累加"程序适用于各声部都有一定的独立性，或至少有一个声部与其他声部之间没有交错进行关系，整体音响较为复杂的作品。一般包括以下四个步骤。

（1）与"先整体后分部"的程序相同。

（2）模仿学习或创作一个比较有特色、比较复杂和较有独立性的声部，这个声部相当于一件打击乐器或一个打击乐器组"独唱"的声部，并通过这一程序进一步把握作品的横向结构。

（3）在熟练掌握该声部的基础上，再将其他具有伴奏性质的声部用"先整体后分部"的程序学习掌握，然后，再将伴奏声部"累加"到独奏声部中去。在这个步骤中，最初需要有个别学前儿童来指挥已经熟悉的独奏声部，教师同时指挥尚不熟悉的伴奏声部，然后再把两个声部分别交给两位学前儿童指挥。最后，由一位学前儿童单独指挥伴奏声部，让独奏声部的学前儿童完全独立地听音乐演奏。

（4）以后各步骤可参考第一种程序的相应环节。在实际的教学中，一般是将这两种程序混合使用的。对于年龄小、经验少、音乐能力较弱或是最初接触打击乐演奏活动的学前儿童来说，模仿学习仍然是常用的一种学习方法。但是，创造性学习也必须从一开始就进入，只是在要求的制定、方法的设计、程序的安排等方面要特别谨慎，要以大多数学前儿童都能够胜任并能够愉快、积极地参与为设定难度的标准。

（三）新作品教学的导入

从总谱学习开始的设计该方法主要适用于原配器创作比较复杂、精美、完善的打击乐作品。鉴于该配器方案比较复杂，在导入时教师可以直接以展示"身体动作总谱"的方式导入。

从总谱创编开始的设计。该方法主要适用于原设计比较单纯，可以让学前儿童有更多创造性表达机会的打击乐作品。

从主要声部学习开始的设计。该方法主要适用于本身含有主次两个部分，其主要部分本身比较复杂、精美、完善的打击乐作品。

从主要声部创编开始的设计。该方法主要适用于本身含有主次两个部分，其主要部分比较单纯，可以让学前儿童有更多创造性表达机会的打击乐作品。

从音乐欣赏开始的设计。该方法主要适用于原创意本身比较复杂、精美、完善，值得让学前儿童欣赏或值得用来教学前儿童学习怎样欣赏的音乐作品。

从故事开始的设计。该方法主要适用于具有更多形象或情节描写性的打击乐作品，特别是一些将要请学前儿童用打击乐器演奏来表现某个故事情节的纯打击乐作品。

从韵律活动开始的设计。该方法主要适用于适合改编成打击乐作品的韵律活动乐曲。

从歌唱开始的设计。该方法主要适用于适合改编成打击乐作品的歌曲。目前在学前儿童打击乐器活动中，深受欢迎的许多作品实际上原先都是学前儿童所喜爱并演唱过的歌曲。

三、打击乐演奏活动的设计与组织

打击乐器演奏活动组织的一般环节。

（一）选择合适的音乐并进行分析

1. 选择合适的音乐

音乐的基本表现手段是旋律和节奏。打击乐是根据乐曲来打击乐器，通过各种乐器给音乐配伴奏以使乐曲更动听，同时也能使学前儿童通过乐器敲击来表达对音乐的感受和理解。刚开始练习打击乐时最好选择节奏鲜明的乐曲，因为节奏特点明显的乐曲容易敲击出效果，这样便于学前儿童掌握节奏特点。待学前儿童有了一定的积累后再选择一些节奏较复杂的乐曲。小班、中班可以 2/4、3/4 拍乐曲为主，大班学前儿童在此基础上可选择 4/4 拍的乐曲。另外，许多有民族风格的乐曲，节奏型都比较明显，易于学前儿童理解把握，同时也可以让学前儿童感受到不同民族的音乐风情。教师还要注意观察和发现孩子们平时爱唱的歌曲，从中选择适合打击配乐的乐曲。歌曲引起学前儿童的兴趣，才能引发学前儿童主动学习、主动探索打击乐的积极性。

2. 分析音乐作品

教师在组织打击乐活动之前要熟悉乐曲并分析音乐作品的特点。比如，选取的音乐作品的风格特点，是进行曲、抒情曲还是圆舞曲；选取的音乐作品是几拍子的，因为拍子不同会使节奏特点有所不同，2/4 拍的节奏特点是强、弱，3/4 拍的节奏特点是强、弱、弱，4/4 拍的节奏特点是强、弱、次强、弱。在此基础之上再确定音乐作品的重点和难点都有哪些。

（二）设计配器方案

学前儿童打击乐演奏活动没有固定的配器模式。由于音乐是听觉艺术，其配器原则以好听为前提，可以由教师根据音乐本身的性质来确定配器方案，也可以是教师和学前儿童共同创编配器方案。一般来说，节奏欢快的适合使用串铃敲击，抒情的乐曲则适合使用碰铃和三角铁。碰铃适合敲击强拍，三角铁适合敲击弱拍，因为碰铃的延音比较长且声音高亢，三角铁的延音较短且声音较低，这样可以相互呼应，听觉效果会比较好。节奏明显的如十六分音符等适合用双响筒，四分音符或八分音符则适合用响板。另外要注意的是，所用乐器的多少要根据本班学前儿童的实际水平及乐曲的需求来确定，而不是越多越好。同时，也不是所有乐器同时敲击一种节奏，要能根据音乐的性质充分发挥出各种乐器的特色才会使打击乐好听。

编配配器方案应考虑学前儿童的年龄特点：为小班学前儿童编配的打击乐应简单，以齐奏为主，因为节奏型变化不大；为中班、大班学前儿童编配的打击乐则可稍复杂一些，可用不同乐器轮流演奏，不同乐器的节奏型也可不同。有时，同一乐曲可编配出不同难易程度的打击乐给不同年龄班使用。

（三）指导学前儿童徒手练习和掌握节奏型

编配好配器方案后，教师要指导学前儿童徒手练习和掌握节奏型。中班、大班乐器演奏的要求逐步提高，有时不同的乐器要轮流演奏，有时则要同时演奏。因此，在未拿乐器前应先进行分声部的徒手练习。教师可根据打击乐中配器的情况将学前儿童分成若干组，各组先分别练习各自承担部分的演奏方法，然后合起来一起演奏；也可以全体学前儿童一起依次学习各种不同乐器的打法，然后分组，分别演奏自己这种乐器的节奏型。在这一步骤中，教师应让学前儿童在开始学习时观察教师的指挥方法。教师指挥时所做的动作最初应该与学前儿童所做的动作完全相同，待学前儿童熟练后，教师可改用击拍法，但仍然要把要求学前儿童演奏的节奏型表现出来。要注意的是分组徒手练习的时间不能太长，不能等到学前儿童完全会打了再分发乐器，长时间徒手练习会降低学前儿童学习的积极性，更重要的是不利于学前儿童在亲手打击乐器的过程中感受各种乐器的不同音色、音响特点及其在合奏中所产生的效果。

（四）根据配器方案进行尝试演奏和指挥

当学前儿童徒手练习得较为熟练之后，教师可让学前儿童随音乐打击乐器，拿相同乐器的学前儿童应坐在一起；若坐成横排，持演奏音量小的乐器的学前儿童应排在前面。分发乐器时，教师可将乐器事先放在小椅子下面，以减少不必要的等待及混乱。乐器拿出后，应遵循打击乐器演奏常规中的要求。教师的指挥除应符合一般指挥的要求外，还可根据打击乐中节奏的需要增加某些能帮助学前儿童领会、激发学前儿童情绪的适当的姿态或动作。学前儿童演奏时眼睛要注视指挥者，积极地与指挥者进行交流，注意倾听音乐与他人的演奏，不做与演奏无关的事情。学前儿童熟练后可由学前儿童担任指挥。在指导学前儿童演奏的过程中，教师应注意培养学前儿童内在的节奏感。

（五）集体合奏创编新的配器方案

每个声部都熟练地跟上节奏后，教师可以组织全体学前儿童进行合奏，不要让学前儿童固定地只练一种乐器，在学前儿童熟悉了打击乐的演奏方法后，应让学前儿童轮换着练习不同的乐器，使学前儿童能更好地认识各种乐器的性质、使用方法，还能学会各种不同的节奏型及发展相互协调的能力。学前儿童交换乐器时，应将原来使用的乐器放在座椅上，再迅速无声地找到新的座位坐下。教师要求学前儿童在交换过程中不与他人或场内的座椅相撞，坐下时不使座椅发出声音或发生移动。在学前儿童具有一定演奏经验的基础上，教师可引导学前儿童创造性地改变原配器方案，如部分地改变音色或节奏型，增加大鼓、大钹或其他特色乐器等，同时组织学前儿童演奏。

第七章　学前儿童音乐欣赏活动

第一节　音乐欣赏活动的内容

学前儿童音乐欣赏包含两方面的内容：倾听生活环境中的声音、欣赏音乐作品。

一、倾听生活环境中的声音

在我们周围的环境中，无论是自然界，还是社会生活，都充满了各种音响：马叫、蛙鸣、暴风的呼啸，雨水的低吟，汽车的笛声，火车、飞机的隆隆声等。这些声音与人们语言的声调，以及朴素的民歌等都是音乐家们进行创作的重要源泉。《野蜂飞舞》《雀》《雨滴》《田园》等世界名曲，就是经过艺术家的头脑，用高超的艺术手法表现出来的人类对自然声音的主观感受。专门为儿童创作的深受儿童喜爱的歌曲、乐曲中，也有许多模拟自然声音的成分，如儿童所熟悉的动物、交通工具发出的声音和人们活动所发出的声音等。如果能从小培养儿童对周围生活中各种声音的倾听兴趣和倾听能力，将会为他们欣赏音乐作品打下良好的基础。因此，教师应充分利用一切机会，自然地、有意识地引导儿童倾听周围生活中的声音，丰富他们对声音的各种感性经验。

日常生活中随时可引导儿童进行倾听的活动有：倾听庭院、活动场所中的声音；倾听人体的声音；倾听马路上各种交通工具的声音；倾听日常用具的声音；倾听在公园、郊外游玩中的声音；倾听家庭、社区生活中的声音等。

二、欣赏音乐作品

音乐作品有歌曲和器乐曲两种,其主要内容如下。

(一) 优秀的中外少年儿童歌曲

优秀的中外少年儿童歌曲包括创作歌曲和广泛流传的民歌、童谣,如《听妈妈讲那过去的事情》(管桦词,瞿希贤曲)、《卖报歌》(安娥词,聂耳曲)、《春天来了》(德国儿童歌曲)、《请来看看我们的农庄》(西班牙儿童歌曲)等。

(二) 由歌曲改编的器乐曲

由歌曲改编的器乐曲包括由中外优秀儿童歌曲及优秀民歌改编的器乐曲,如《小白船》(根据朝鲜族童谣改编)、《茉莉花》(根据江苏民歌改编)、《洋娃娃和小熊跳舞》(根据波兰儿童歌曲改编)、《夏天里过海洋》(根据意大利歌曲改编)等。

(三) 专门为儿童创作的简单器乐曲

专门为儿童创作的简单器乐曲,如《小鸟》(罗忠熔曲)、《滑梯》(顾嘉琳曲)、《跳绳》(刘诗昆曲)、《扑蝴蝶》(丁善德曲)、《青蛙合唱》(汤普森曲)、《狮王》(圣桑曲)、《我和小蚊子跳舞》(李亚多夫斯基曲)、《小士兵进行曲》(舒曼曲)等。

(四) 专门为儿童创作的音乐童话的片段

专门为儿童创作的音乐童话的片段,如《龟兔赛跑》(史真荣曲)、《骄傲的小鸭子》(周群烈曲)、《彼得和狼》(普罗柯菲耶夫曲)等。

(五) 中外著名音乐作品或其中的片段

中外著名音乐作品或其中的片段,如《牧童短笛》(贺绿汀曲)、《金蛇狂舞》(聂耳曲)、《瑶族舞曲》(刘铁山等曲)、《钟表店》(奥尔特曲)、《口哨与小狗》(普莱亚曲)、《铁匠波尔卡》(约瑟夫·施特劳斯曲)、《玩具兵进行曲》(莱昂·耶赛尔曲)、《土耳其进行曲》(贝多芬曲)、《卡门序曲》(比才曲)、《梦幻曲》(舒曼曲)等。

第二节 音乐欣赏活动的选材

音乐欣赏活动的材料包括音乐作品和音乐欣赏的辅助材料。因此,在为学前儿童选择音乐欣赏的材料时,也要分别从这两个方面来考虑。

一、音乐欣赏作品的选择

为学前儿童的音乐欣赏活动选择音乐作品时,既要考虑每一首作品是否符合教育的要求,又要考虑所有作品在总体上是否符合教育的要求,即作品的内容、形式、风格是否丰富、多样,以及比例结构是否合理,还要考虑学前儿童感知、理解音乐的实际能力水平。

如果选择的材料是歌曲,需着重考虑歌曲的内容、形象、情绪,应该是能为儿童所熟悉、喜爱和愿意接受的;歌曲中的歌词,应该是儿童所能够理解的。可以选用一些中、大班将要学唱的歌曲作为少儿小班的欣赏材料,也可以选用一些少儿歌曲作为中、大班的欣赏材料。

如果选择的材料是器乐曲,除了一般选择音乐的条件外,需着重考虑的应是结构是否单纯、工整、长度适中。由歌曲改编的器乐曲也应符合上述条件。而大量中外著名音乐作品,以及一些为大年龄儿童创作的音乐童话,无论在长度还是结构上,往往不可能完全符合上述要求。因此,在选择材料之后,通常还可以进行一定的节选或改编,以使这些材料能够接近学前儿童的接受能力。

一般常用的节选改编方法如下。

节选片段：即选取作品中相对独立的片断。例如，贝多芬第九交响乐第四乐章中的《欢乐颂》主题，海顿第九十四交响乐第二乐章中的《惊愕》主题，老约翰·施特劳斯《拉德斯基进行曲》ABA 结构中的 A 部分，刘铁山的《瑶族舞曲》中第一乐段的第一主题等。这些片段结构完整，有完满的结束感，形象鲜明生动，长度也比较适中，完全可以满足前述的选材条件。

压缩结构：即删减作品中的某些部分，而保留另一些相对独立的部分。例如，聂耳的《金蛇狂舞》，原作品的结构是：引子—A—B—A—引子—A—B—A—B—A。现将其中的重复部分删去，就构成了：引子—A—B—A，这种新结构，实际上也就是将原曲压缩成了一个单纯的带有引子的单三部曲作品。

再如奥尔特的《钟表店》，原作品的结构是：引子—A—B—A—过渡—C—A—尾声。在为 3~4 岁儿童选择音乐时，可以只选其中的引子—A—尾声；在为 4~5 岁儿童选择音乐时，可以只选引子—A—B—A—尾声；在为 5~6 岁儿童选择音乐时，可以将 C 段中的其他部分删除，仅保留其中的慢板部分，并以这个慢板部分代替原结构中的 C 段音乐，构成一个新的引子—A—B—A—过渡—C—A—尾声结构的作品。这些作品经压缩以后，结构变得单纯而清晰，长度也变得较为适中，也就比较容易为学前儿童所接受了。

当然，在为学前儿童选择音乐欣赏教材时，还应注意从总体上考虑入选教材的多样性和丰富性。例如，从内容出发，应广泛包含反映社会、自然以及儿童生活和内心世界的作品；从表演形式出发，应广泛包含各种形式的歌曲和各种不同的器乐曲；从材料的文化历史代表出发，应广泛包含不同时代的中外优秀创作作品和优秀的民间音乐。

二、教学辅助材料的选择

在音乐欣赏活动中使用辅助材料，其目的是帮助学前儿童更好地感受和理解音乐作品。音乐欣赏的辅助材料一般有动作材料、语言材料、视觉材料三种。

（一）动作材料

通过跟随音乐做动作的方式参与到音乐进行的过程中去，这是学前儿童感知、理解和表现音乐最自然、最重要的途径之一。与韵律活动不同的是，在欣赏活动中，选材条件更侧重于反映音乐的性质，即动作与音乐在节奏、旋律、结构、内容、情感等方面的一致性。所以，在为欣赏活动选材时，一般不宜选择对儿童来说比较复杂、陌生的动作，而应选择绝大多数儿童都能自然做出的动作。

此外，在音乐欣赏活动中，应经常让学前儿童自己独立地选择动作，独立地对音乐做出反应。因此，在为欣赏活动选材时，有时只需选择动作反应的性质，不需确定具体的动作。例如，欣赏一首优美的抒情音乐，只需确定儿童所做动作的性质应是柔软、连贯、绵长、自由的即可。

（二）语言材料

语言材料在这里特指含有艺术形象的有声文学材料。例如，故事、散文、诗歌、民谣等。

在音乐欣赏活动中，选择语言辅助材料的首要条件是：从音乐出发，与音乐欣赏的要求相一致。这里所讲的"一致"，不仅在于文学作品本身的结构、内容、形象和情感与音乐相一致，也在于讲述或朗诵文学作品时，语言的音调、节奏、力度、音色、风格等因素与音乐也相一致。例如，在欣赏舒曼的《梦幻曲》时，所配的故事与诗歌不仅本身内容应具有梦幻的性质，在讲述和朗诵时，也应十分注意保持和渲染这种梦幻的性质。

选择语言辅助材料的其次条件是:语言优美,文学性强,能为学前儿童理解与喜爱。在音乐欣赏活动中,应经常让学前儿童自己独立地选择语言,独立地对音乐做出反应。在这种活动中,教师往往只需按音乐欣赏的要求选择划定大致的范围,如欣赏一首优美抒情的音乐,只需确定儿童语言所描述的形象和描述时所使用的调应是优美的即可。

(三)视觉材料

视觉材料形象具体,既可在时空中静止(如图画、雕塑等),又可在时空中流动(如录像、可活动的教具操作等)。形象具体,便于学前儿童感知和理解;能在时空中静止,便于学前儿童从容不迫地反复观察,有利于精细感知和记忆;能在时空中流动,便于与音乐同步流动展开形象,有利于帮助学前儿童感知和理解音乐形象的动态化。

在音乐欣赏活动中,选择视觉辅助材料的首要条件是:从音乐出发,与音乐欣赏的要求相一致。这里所讲的一致,是指视觉材料的线条、构图、造型、色彩、形象、内容、情绪都应与音乐相一致。如果视觉材料是在时空中流动的,其运动的方式也应与音乐相一致。

例如,在欣赏柴可夫斯基的《洋娃娃的葬礼进行曲》时,所提供的画面色彩应是灰暗的,构图应是凝重的;而在欣赏聂耳的《金蛇狂舞》时,所提供的画面色彩应是辉煌的,构图应是具有强烈动感的;再如在欣赏陈兆勋的《小白兔跳跳跳》时,木偶操作的节奏和结构变化应与音乐的节奏和结构变化相一致;在欣赏史真荣的《龟兔赛跑》时,幻灯或投影操作的画面变化应与音乐内容变化相一致。

选择视觉辅助材料的其次条件是:形象生动有个性,艺术感染力强,能为学前儿童所理解与喜爱。另外,还需考虑制作、购买材料时,精力上和经济上的条件是否允许等。

在音乐欣赏活动中，有时也可让学前儿童自己独立地创作视觉艺术作品，并以此来表达他们自己对音乐的感受。在这种活动中，创作的要求应与音乐欣赏的要求相一致。例如，在欣赏一首回旋曲时，欣赏的要求是感知和理解乐曲的结构，就应要求儿童在美术创作中尽力反映出这种结构。

第三节　音乐欣赏活动的指导

音乐欣赏不同于其他音乐活动，如何使幼儿由消极的旁听转为积极的参与呢？多年来，广大幼教工作者对这一课题进行了关注与研究，终于取得了突破。目前，一种新的音乐欣赏教学思路——多感官参与模式，正被越来越多的幼儿教师所接受。

一、音乐欣赏活动的多感官参与

多感官参与理论，是应用现代心理学的研究成果，通过在幼儿园反复探索、验证后提出的一种组织、指导幼儿进行音乐欣赏活动的理论。"参与"是让幼儿尽可能地在演奏音乐的过程中欣赏音乐。"多感官"即帮助幼儿打开多种感知器官和感知通道，不是在欣赏音乐的过程中仅仅使用听觉，而是同时调动多种感官（视觉的、听觉的、动觉的等），来丰富强化所听到的音乐内容。多感官参与理论是指在学前儿童音乐欣赏教育活动中，应借助听觉以外的其他感觉器官或通道，让幼儿在倾听音乐的同时还有机会用歌唱、跳舞、奏乐、倾听和朗诵文学作品、观赏或创作美术作品等活动方式参与到音乐进行的过程中去，从而在参与中更好地感受音乐，更好地表达他们对音乐的感觉，更深刻地体会他们自己是活动的参与者、操纵者，更强烈地感受到音乐实践过程所带来的快乐。

二、音乐欣赏活动的多感官参与的操作方法

在多感官参与理论的指导下，一些行之有效的多感官参与方法逐渐被人们创设出来，以下仅选择几种常见的参与方法予以介绍。

（一）律动活动、舞蹈参与的方法

律动活动、舞蹈参与是指用有一定艺术性的形体韵律活动，跟随被欣赏的音乐进行创造性表演的一种欣赏音乐的方法。

例如，中班音乐欣赏《赶花会》（律动参与）。

作品分析：《赶花会》是一首 ABA 结构的民族轻音乐曲。A段乐曲欢快、跳跃，但结构不太工整，对中班幼儿来说比较难掌握。因此，不做具体要求，只要求按拍子均匀地做小鸭子赶路的动作。而 B 段乐曲较悠扬，共有四个乐句，且乐句很工整，幼儿较容易掌握。因此，可要求幼儿做一些感受和表现乐句的活动。

动作设计如下。

引子：在教师的带领下，做鸭子睡觉、起床、伸懒腰、整理、扭屁股等动作。

A 段：合拍地做鸭子出门赶路的动作，表现音乐欢快、跳跃的情绪特点。

B 段：在每一乐句的前两小节，用手指在空中画一个大圆，表示看到一朵大花；后两小节，自由做出种种表现花的造型动作。

再现的 A 段：与 A 段动作相同，表示小鸭子看完花回家休息了。

（二）美术欣赏参与的方法

美术欣赏参与是指借助图片、幻灯或者直观教具等视觉形象，掌握音乐的性质、旋律、节奏特征、曲式结构特征的一种欣赏音乐的方法。

例如，大班欣赏曲《单簧管波尔卡》。

作品分析：《单簧管波尔卡》为引子 ABACA 的回旋曲结构。作品乐句工整，节奏明确，曲调热烈、流畅，节奏具有明显的向前跳跃、滚动的感觉。C 段音乐的节奏拉开，显得更加悠扬而欢畅。

为帮助儿童认识该曲的结构特点，增强对音乐的感知和体验，教师可提供一种图形乐谱，图谱要从左至右，依次呈现花、浅绿色树枝，花、深绿色树枝，花（花代表乐段 A，浅绿色树枝代表乐段 B，深绿色树枝代表乐段 C），形象地显示出此曲 ABACA 的回旋结构。而四朵花、四根浅绿色树枝、四根深绿色的树枝，又都暗示着 A、B、C 段音乐均由四个乐句构成。此外，该图还蕴含了乐曲所要表现的情绪和性质。例如，图谱中设计旋转式的花形和摇曳的树枝，可以使人联想到音乐性质分别是活泼欢快和优美抒情的。

可以想象，当幼儿清晰地感知了图谱，并将音乐与图谱进行对应匹配，并用旋转欢快和柔美舒展的动作创造性地加以表现后，对该音乐的结构、风格、情绪、性质可谓是铭刻在心了。

（三）文学欣赏参与的方法

文学欣赏参与是指跟随音乐朗诵文学作品（故事、散文、诗歌或歌词），从而理解、掌握音乐的形象、情绪的一种欣赏音乐的方法。

例如，中班音乐欣赏活动《梦幻曲》。

音乐作品分析：《梦幻曲》是德国作曲家舒曼 1838 年创作的钢琴套曲《童年情景》中的第六首。由于它如诗如梦的优美旋律能使人想起幸福美好的童年生活情景而深受欢迎，常常被抽出来改编成各种乐器的独奏作品。全曲由四小节上行后逐渐下行的旋律变化重复八次构成。它那渗透着宁静、冥想色彩的缓慢速度，柔和平稳的节奏、温暖细腻的旋律线都极易使人产生舒适的梦幻感觉。特别是为小提琴改编的独奏版本，更由于小提琴那清纯甜美的音色而使乐曲的意境更加亲切感人。

又如文学作品：《梨子提琴》（冰波作）。

综合分析：

如果说舒曼的音乐具有诗的意境，那么冰波的诗更具有音乐的意境。该作品通过诗情画意般的描述，将梨子、小提琴、音乐，拟人化的小动物之间的友好关系巧妙地联系在一起，充满了儿童天真烂漫的幻想，语言富于音乐的韵律感和节奏感。

上述音乐作品《梦幻曲》和文学作品《梨子提琴》虽然是通过不同的符号表现出来的，但两者的情感基调是相似的，都具有一种梦幻般的色彩，都描绘了一种和谐美好的人与人之间的关系，在欣赏过程中都会使人产生相类似的情绪体验，因而可以将两者匹配呈现；教师用抒情优美的声调和梦幻般的表情在背景音乐中朗诵诗歌，并注意在音色、音量、语气、语速等方面与音乐所渲染的梦幻般的情调相一致（注意千万不要用戏剧化的声调来表现故事中的人物），并始终保持和渲染这种梦幻的性质，从而帮助儿童将音乐欣赏中所激发出的内心体验和语词形象进行交流，达到体验和享受音乐如诗如梦的浪漫意境。

（四）打击乐器演奏参与的方法

打击乐器演奏参与是指通过打击乐曲设计和演奏的过程，进一步感知和理解音乐的一种欣赏音乐的方法。

例如，大班音乐欣赏活动《突破封锁线》。

《突破封锁线》选自《长征》组歌，它展示了革命军人一往无前的精神风貌。作者在第 9~18 小节、19~26 小节之间两次使用了滚动式的向上跃进的旋律，表现了革命战士不怕牺牲、前仆后继的英勇形象。另外，乐句的长短不一，也暗示出了战争环境复杂多变的特性。

本曲采用打击乐器演奏参与的方法，借助教师的帮助和引导，根据乐曲的性质、结构编配打击乐器，由此体验长短不一的乐句结构、由低到高的旋律进行、由弱渐强的力度变化，以及快速度和休止所造成的具有巨大动力的音乐形象。

配器方案如下:

(1) 简单谈话，引入情境，然后安静倾听全曲。感受乐曲快速、紧张的气氛以及乐曲所传达的"英雄气概"。

(2) 再次欣赏音乐，教师以"司令员"的身份用大鼓跟随音乐演奏。在特定节奏处，大鼓敲击一下，然后右手持槌向外画一大圈，暗示声音延长。教师注意用演奏动作、身体姿态和脸部表情暗示力度的变化。

(3) 教师哼唱旋律，继续用大鼓随乐演奏，幼儿观察教师演奏，并尝试用拍手的方法抽取节奏型。

(4) 在教师的带领下，幼儿有节奏地用断顿而富有弹性的方法随乐拍手，并能表现由弱渐强的力度变化。在特定节奏处，拍一下手，然后右手向外画一大圈，表示声音的延长。进一步把握乐曲的节奏、风格和精神面貌。

(5) 教师带领幼儿随音乐徒手模仿练习击鼓的动作。练习击鼓动作时，应单手敲击腿部，通过腿部的反弹，感受断顿和富有弹性的演奏方法，不要悬空敲击。

(6) 教师组织幼儿讨论，为乐曲编配打击乐器。为表现乐曲的力度变化，可采用累加乐器的方法进行演奏，使乐器的音色逐渐丰富和厚实。也可使用相同乐器，用逐渐增加演奏力度的方法表现乐曲力度的增加。

(7) 教师组织幼儿讨论乐器的演奏方法，会用小幅度、快速度、富有弹性的动作演奏小铃、铃鼓和圆舞板，在演奏铃鼓时，应用手指尖击打鼓面，表现乐曲快速、紧张的风格。

(8) 教师以"我是司令员，我指挥到哪里，哪里就要去打敌人"为名义，边哼唱旋律，边用手势指挥全体幼儿用累加乐器的方法演奏全曲，个别幼儿站在纵队后面演奏大鼓。教师的指挥动作应是内收的、有弹性的、有气势的、有战斗精神的，并能表现力度的变化。

(9) 播放录音，教师指挥幼儿随音乐演奏一遍至两遍。

(10) 请幼儿轮流指挥，尝试用自己的指挥动作表现渐强，教师在齐奏处奏出气势，名义为"指挥前进"和"欢呼胜利"，进一步表现和感受乐曲的"英雄气概"。

(11) 教师指挥，个别幼儿站在纵队的后面演奏大鼓和大镲，教师注意用目光暗示大镲演奏。

(12) 幼儿自愿者指挥，教师退位至幼儿座位上，参与演奏活动。教师从权威式的角色中退出，是加强幼儿自信的一种教育方法。它创造机会让幼儿自由地实践与表达，增加了教师了解幼儿潜能的机会，扩大了课堂信息的产生源、流通量和交换方式。这种退出既表明了教师与幼儿平等的地位，也使幼儿感受到教师的信任和自己的成长。

三、学前儿童欣赏活动的一般步骤

（一）丰富幼儿的相关生活经验

音乐是反映人们现实生活和思想感情的，让儿童具备一定的生活经验是感受音乐作品的基础。一个从未见过雪的孩子，在欣赏有关雪花飘、堆雪人的音乐时，他对作品的感受，与在北方长大、有着丰富雪的生活经验的孩子相比，后者能更多地借助视觉、听觉、运动觉、触觉，甚至味觉等多感官通道来感知和表现音乐。生活经验靠日积月累，教师应注意在平时教育活动中有计划地引导儿童进行积累。

（二）初步欣赏

儿童欣赏音乐应是一种积极的活动，而不是消极、被动的感受，应使整个欣赏过程都能引起幼儿的兴趣，使其想象活跃，情感也有所触动。通常可以结合儿童的倾听，运用以下辅助方法。

1. 介绍作品，提出要求

欣赏音乐之前，教师借助简短、生动的谈话，或采用念诗歌、讲故事、看图片等形式向儿童介绍作品的名称、主要内容和特点等，使儿童获得一个初步、完整的印象。声乐曲有具体的歌词，儿童比较容易听懂；器乐曲虽然有鲜明的形象，但儿童理解起来还是有一定困难的。教师要生动、有表情地讲解，引导儿童有目的地倾听。在欣赏活动中，教师的介绍必须围绕音乐作品所表达的形象，话不能多，手段不宜繁杂，以能有效地引起儿童的想象为目的，过于复杂反而会分散儿童的注意力，降低音乐对他们的吸引力。听音乐之前，教师要让儿童明确欣赏的目的，要求儿童安静、集中注意力地听音乐。

2. 让儿童欣赏音乐

儿童第一次听音乐时，应让他们完整地听全曲，对作品有一个初步、完整的印象。以后，如果作品较长或者内容有变化，可以分段听。

3. 恰当运用语言

语言是引导儿童欣赏音乐的重要手段。由于儿童理解水平和欣赏能力比较低，还不能完全依靠音乐本身的感染力来理解作品的内容和性质。因此，在儿童欣赏音乐的过程中，教师对作品进行适当的讲解、分析是极为必要的。

（1）谈话法。听完音乐以后，教师可以提一些问题，让儿童谈谈对作品的印象和感受。教师的提问应紧紧围绕教学目的，结合作品内容，建立在他们已有的知识和生活经验的基础上，使儿童有可能运用已有的印象和知识，思考和理解作品的内容、性质和变化。

教师的提问应面向全体儿童，并注意到儿童的个体差异。对于他们的回答，只要在总的思想或性质上把握较准确即可，有些地方不必强求一致，要注意培养儿童想象力，保护好他们的创新性习惯。

（2）语言提示法。在听音乐的过程中，教师可以用简短、明确的语言，提醒儿童注意音乐的变化，引导他们深入地欣赏音乐，提高兴趣。例如，在必要的地方，教师可以说："听听，这首曲子里有什么在叫？""听，音乐快起来了。"对于个别重点部分，可以多次反复提示。

教师的语言（谈话、提示、说明）要求简短、形象、贴切，而且一定要在幼儿对音乐作品已经熟悉、有了初步了解的基础上才能使用。

（三）重复深入的欣赏

这一阶段要求儿童不仅掌握音乐作品的主要内容或情绪性质，还应感受和理解音乐作品的表现手段，较为完整、全面地感知作品，并能记忆和识别音乐作品的主要音调。

组织儿童深入地理解、感知作品，要针对不同年龄段的孩子，根据作品的不同性质，为他们提供尽可能多的参与机会。在诸多感知通道中，除听觉以外，其他的辅助通道还有运动知觉、视觉和语言知觉。在实际运用中，运动知觉的参与主要指跟随音乐做动作、歌唱和演奏简单的打击乐器等来感知和表现音乐；视觉的参与主要指在音乐的伴奏下，以欣赏图片、视频等，或创作美术作品的方法来感知和表现音乐；语言知觉的参与主要指在音乐伴随下，用表演或创作文学语言的方式来感知和表现音乐。

对于年龄较小的儿童，较多采用的辅助通道是运动知觉；对于年龄较大的儿童，不仅可以广泛使用所有的辅助性感知通道，而且使用的要求、方式、方法也与较小年龄的儿童选择有所不同。儿童自己能唱的歌曲是有限的，因此欣赏音乐是培养儿童音乐感受力、想象力，扩大儿童音乐眼界，丰富他们音乐知识的重要手段。

在欣赏教学的过程中，教师要经常注意儿童欣赏音乐时的反应，及时采用恰当的方法，教给他们些初步、浅显的音乐知识。例如，能说出"进行曲""舞曲""摇篮曲"等的名称，并能根据音乐作品的部分曲调，辨认出作品的名称，知道一些演唱、演奏的形式（如独唱、齐唱、领唱、对唱、独奏、齐奏等），能正确区别高、低、强、弱音的不同等。最终，使儿童在理解音乐作品的基础上，能辨别音乐作品的性质（如快乐活泼的、安静的、雄壮有力的、抒情优美的等），并能感受到音乐表现手法的作用。另外，在音乐欣赏活动中，教给儿童一些粗浅的音乐知识，有助于幼儿听音乐时集中注意力，产生良好的情绪反应和情感共鸣，提高他们的音乐感受力。

第八章 学前儿童音乐游戏活动

第一节 音乐游戏活动概述

一、音乐游戏的含义

音乐游戏一般是指在音乐伴随下进行的一种有规则和要求，以发展学前儿童音乐感受和表现能力为目标的游戏活动。这种游戏中不仅体现了音乐的艺术性和技能性，而且结合了儿童的年龄特点与发展水平，是把教育寓于生动有趣的游戏中的一种形式。

二、音乐游戏的特点

音乐游戏是音乐教育的重要途径，但是音乐教育更重视儿童音乐知识的获得和技能的培养，而音乐游戏比较强调趣味性和随意性。总而言之，音乐游戏的特点可以概括为以下三点。

（一）愉悦性

音乐游戏的愉悦性表现在游戏的外在形式上，是指音乐游戏有趣、活泼、幽默、夸张到足以引起儿童参与的兴趣；表现在儿童的内在情感上，是指儿童可以通过参与游戏获得放松和音乐美的感受。

（二）综合性

音乐游戏的综合性表现在内容、过程和目的三个方面。内容上的综合性是将歌曲、舞蹈、律动和乐器等多方面的内容综合在一起，这也结合了儿童的生理、心理特点，学前儿童偏爱于载歌载舞的游戏形式；过程上的综合性是让儿童全程参与到游戏的创作、表演和欣赏活动中，培养他们创造性的自我表达能力；目的上的综合性不仅是让儿童在游戏中获得愉悦的直接体验，而且让他们在其他人面前表现了自己，达到了娱乐别人的目的。

(三) 形象性和情感性

音乐游戏的形象性就是通过生动鲜明的音乐形象给人以直接感知和情绪体验；情感性不同于说教，是通过音乐游戏中的具体形象激起儿童情感上的共鸣。

三、学前儿童音乐游戏活动的特殊性

(一) 主要在大班、中班第二学期实施

受认知与社会性发展水平以及合作性身体动作表现能力的制约，在小班与中班第一学期，让学前儿童完成竞争性音乐规则游戏会有较大困难，因此也很难开展音乐游戏活动。学前儿童音乐游戏活动多是在队形中完成的，涉及大量的下肢身体动作。仅合乐一项要求，对小班、中班第一学期的学前儿童来说，下肢身体动作就具有相当大的难度。如果要求小班、中班第一学期学前儿童在进行合乐的下肢动作的同时，再保持良好的队形距离、遵守游戏中的竞争规则，这基本是不可能的，大大超出学前儿童在音乐、动作、合作、规则意识、竞争意识等方面的发展水平，其结果就可能是把音乐规则游戏演变成非音乐规则游戏或体育规则游戏，遗漏了教育活动过程的发展性目标，尤其是学前儿童学习品质方面的目标。鉴于学前儿童受各方面发展水平的制约，学前儿童音乐游戏活动一般只在大班进行，经常开展集体舞活动的班级有可能在中班第二学期进行。

（二）以集体舞教育活动为基础

有序的集体性竞争游戏都是在队形中完成的，涉及队形，就一定涉及集体舞教育活动，因为集体舞其实质是队形变换游戏。而音乐游戏其实质是有规则的队形变换游戏。所以，音乐游戏教育活动需要以集体舞教育活动为基础。

学前儿童音乐游戏活动中使用的音乐规则游戏经常来自集体舞，在集体舞中植入一个竞争性规则游戏，就使集体舞成为音乐游戏。学前儿童音乐游戏教育活动往往需要像集体舞教育活动一样，先完成原地的身体动作表现，再完成队形中的身体动作表现，教育活动前几个环节的推进与集体舞是一样的，看上去就是集体舞教育活动。因此，集体舞教育活动是音乐游戏教育活动的基础。

四、学前儿童音乐游戏的功能

歌唱活动由人的呼吸器官、语言器官、共鸣器官、表情和表演器官等复杂的动作综合而成，因此歌唱游戏是对学前儿童身体多方面的开发与训练。

（一）帮助学前儿童学习发声

4~6岁学前儿童的发声器官正处于发育初级阶段，其发声器官的长短、大小和活动能力与成人不同，发出的音色、音量、共鸣也与成人不同。他们声带短小，口腔内上颚、硬腭浅窄，喉肌调节声带活动的能力差，同时呼吸较浅，多用头腔共鸣。我们常常看到有的孩子在唱歌时颈部青筋凸起，面部涨红，特别是他们唱到情绪高涨时，更容易出现这种现象。这是喉部紧张用力、发声方法不正确的一种表现。这样的唱法会使孩子的发声器官过分疲劳，时间久了，就会损坏他们的嗓子。所以，应当让孩子们学习在唱歌时保持喉部自然、放松，防止和纠正大声喊叫的唱法，使唱出来的歌声优美、动听。

（二）帮助学前儿童学习呼吸

最初接触歌唱的学前儿童，常常开口就唱，他们往往是根据自己的需要而不是根据音乐的需要换气，因而他们的气息常常破坏音乐的整体性，而且唱起来也特别累。有些学前儿童把声音全部挤压在喉咙里，不会用自然流畅的方法控制气息。因此，正确的引导对学前儿童养成良好的呼吸习惯很重要。例如，教师会把日常生活中常遇到的亲身体验，让学前儿童回忆感受一下，如快速爬楼梯或跑步后气喘吁吁时的样子，让学前儿童边表演边体验深呼吸的感觉，并学习在唱不同音高时，能使用这些感觉来进行歌唱。游戏化的呼吸方法，不仅改善了孩子演唱的质量，也锻炼了他们的身体素质。

（三）帮助学前儿童纠正咬字与发音

很多学前儿童的咬字吐字方法不正确，如用"奶声""扁嘴"说话，又有些学前儿童对歌曲中比较长的句子不能连贯演唱，歌词发音含混不清。在歌唱游戏中，教师可以寓教于乐，帮助孩子改善这些问题。例如，在教唱环节上，教师会带学前儿童把歌词字正腔圆地朗读出来，待学前儿童读正确后再进行练唱；对于字头吐不清的孩子，要多用带爆破音的字进行练习，如模仿青蛙叫（呱）、小鼓敲（咚）、喊爸爸（ba）等，多用跳音练唱。在教师的帮助下，字正腔圆地演唱会让学前儿童更充分地理解歌曲的思想内容、领悟美好的艺术形象。

（四）帮助学前儿童提高节奏与音准

对于刚接触歌唱的学前儿童来说，兼顾节奏和音准并不是一件容易的事情，在教学过程中，我们常常会发现学前儿童能够学会歌曲，但很多节奏和音准是"不着调"的，这其中的原因之一就是教学过程中过于枯燥和缺乏游戏性，导致学前儿童机械地记诵了音乐。游戏化的歌唱方式强调选择适合学前儿童音域和演唱能力的歌曲，将学前儿童分声部，同时用手打节拍，学前儿童就像组成了一个小乐队，这样兼顾节奏和音准的歌唱就变得轻松愉快。在和谐的歌唱氛围中，进行系统的节奏和音调训练，这样循序渐进地培养学前儿童的音准和节奏感。

（五）帮助学前儿童建立合作精神

相对于学前儿童的生理和心理发展特点，合唱是比较复杂的演唱形式。学前儿童在合唱的学习过程中会出现各唱各的现象，合唱练习的初期学前儿童更容易关注自己的演唱，而忽视他人的声音与节奏。而经过一段时间的训练，学前儿童就会将关注点转移到与他人的合作上。简易的多声部训练为学前儿童提供了一个合作的平台，让他们从小在听觉中建立和声的概念，声音上的合作也最终会提升他们更为广泛的合作交流能力。

五、学前儿童音乐游戏活动的主要内容

学前儿童音乐游戏活动的主要内容多种多样，不同的分类方式有不同的内容。根据目前学前儿童音乐游戏活动的实践，可以大致做以下归类。

（一）从游戏的内容和主题来分

1. 有主题的音乐游戏

有主题的音乐游戏一般有一定的内容或情节的构思，有一定的角色。学前儿童在音乐游戏中根据游戏中的角色模仿一定的形象，完成一定的动作。

2. 无主题的音乐游戏

无主题的音乐游戏一般没有一定的情节构思，只是随音乐做动作，相当于律动或律动组合，但这种动作带有一定的游戏性，即含有游戏的规则。例如，《抢椅子》的游戏，学前儿童只是随着乐曲

声自由地做各种动作,但是当音乐一停,必须抢坐一个椅子,这便是游戏的规则。

(二) 从游戏的形式来分

1. 歌舞游戏

歌舞游戏是指主要侧重于歌唱和韵律活动的游戏。这种游戏的特点是:按照歌词、节奏、乐句或乐段的结构做动作、变化动作和进行游戏。这类游戏的规则通常定在歌曲的结束处。例如,《碰一碰》《找小猫》《卷炮仗》《套圈》《猴子鳄鱼》等。

歌舞游戏与有主题的游戏有所不同,它可以有较明显的游戏主题、内容,也可以没有专门表现情节和角色的音乐,相对地比较侧重于学前儿童的创造性动作表现。例如,《猫捉老鼠》的游戏,学前儿童在熟悉并学会演唱歌曲的基础上,可以根据歌词的词义自由做表演动作,分别扮演大猫和老鼠;当唱完歌曲的最后一个音后,扮演大猫的学前儿童才可去抓"老鼠"。

2. 表演游戏

表演游戏是指主要侧重于按音乐性质变化而进行情节和角色表演的游戏。这种游戏的特点是:按专门设计组织的不同音乐做动作、变化动作和进行游戏。例如,《熊与石头人》《老鹰捉小鸡》等。

表演游戏的情节和角色通常都有专门的音乐来表现,也相对比较强调情节和角色的表演。例如,游戏《猫捉老鼠》,音乐由四个部分组成:第一部分是"小老鼠跑来跑去";第二部分是"小老鼠吃米";第三部分是"小老鼠睡觉";第四部分是"猫来了,小老鼠逃回家"。这样,学前儿童在游戏中,随着音乐的变化用动作和想象来表达自己的情感和对音乐的体验,乐在其中。

表演游戏从游戏内容上看,一般有一定的情节和角色;从游戏形式上看,带有较强的表演性。

3. 听辨反应游戏

听辨反应游戏指侧重对声音或音乐的听辨结果进行快速反应，以培养学前儿童对音乐的高低强弱、音色等的分辨能力。它一般没有固定的游戏情节或内容，以对音乐要素的反应和理解为主。这种游戏只要求按规定方式对音乐或声音的某种要素做出反应。

（三）从游戏的作用来分

1. 节奏训练类音乐游戏

例如，"宫格"游戏，可以依据学前儿童接受能力分为六宫格或八宫格，是几宫格就拿出几张扑克牌。扑克牌背面朝上（背面表示空拍），教师可任意把扑克牌翻到正面（正面表示拍手），教师再以固定节拍从头到尾指向扑克牌。这有助于训练学前儿童的反应能力和对节奏的认识。

2. 音准训练类音乐游戏

在日常生活中，学前儿童可以接触到很多和音高有关系的小旋律。教师可根据学前儿童接触到的音高来设置音乐游戏。例如，"纱巾"游戏，准备两条纱巾，由两名学前儿童分别抓住纱巾的两头，一条纱巾在上，一条纱巾在下，分别规定两个不同的音高，一般都是以 5 和 3 开始，因为这两个音比较容易掌握。上面的纱巾为 5，下面的纱巾为 3。教师请学前儿童轮流当指挥，小指挥指到哪条纱巾，其他学前儿童就唱哪条纱巾所代表的音高。学前儿童不仅能准确地掌握音高，而且也满足了他们的表现欲望。

3. 培养音乐感受力的音乐游戏

例如，"涂鸦"游戏，播放一段旋律起伏较大的音乐，让学前儿童准备好纸和笔，在纸上画出所听到音乐的旋律线，由于每个学前儿童的音乐感受不一样，因而学前儿童的涂鸦也会有所不同。这既能提高学前儿童的音乐感受力，又能提高学前儿童的自信心。

4. 训练动作与音乐协调类的音乐游戏

例如,"律动"游戏,就是根据所听到的音乐让学前儿童用肢体表示出来,如拍手、拍腿、跺脚及打响指等。

第二节　音乐游戏活动的设计与指导

一、音乐游戏活动材料的设计

音乐游戏的材料包括音乐作品、游戏内容情境(玩法)、游戏动作等。音乐游戏的材料设计一般包括以下三方面内容：音乐游戏作品的选择、音乐游戏内容情境的设计、音乐游戏动作的设计。

(一) 音乐游戏作品的选择

音乐游戏作品首先应是一个集体舞作品,所以,音乐游戏作品的选择首先要符合集体舞活动的三条要求：音乐句段结构工整、拍点明确；音乐的旋律清晰、形象鲜明；音乐的速度适宜。其次,音乐游戏作品还要有便于开展游戏的特殊性,具体如下。

1. 歌曲往往比器乐曲更容易进行音乐游戏的设计

应该说,在所有五种音乐活动类型中,音乐游戏的设计是最难的。它包含集体舞元素、规则游戏元素、情境表演元素,这些元素必须同时发挥功能才能把音乐游戏的特征给展现出来。歌唱、欣赏这两类活动的设计底线是情境表演元素,即必须把音乐作品的内容形象挖掘到能够展开情境性表演的细节层面；打击乐活动的设计底线是情境性或视觉直观性表演元素,意思是,如果音乐作品的内容形象挖掘没能达到情境性表演层面,那么音乐作品的内容形象必须达到视觉直观的层面,如用图形、声势动作等解释音乐；集体舞活动的设计底线是有一套便于由上肢到下肢移动、到队形变换的身体动作,这些动作解释了音乐的句子与段落结构。而音乐游戏的设计则是囊括上述活动设计所必须具备的元素。就音乐游戏设计而言，歌曲比器乐曲有优势的地方在于：就情境性表演而言，歌曲中的歌词内容已经给出表演情境的线索，所以，表演情境的挖掘肯定比器乐曲要简单。除了规则游戏需要特别设计以外，情境性表演内容与集体舞动作设计都是歌曲的歌词本身能给予的，这样音乐游戏的设计压力就会减轻一些。所以，歌曲更容易进行游戏的设计。

2. 大班音乐游戏的歌曲往往比较大型

在大班使用的音乐规则游戏作品首先应是一个大班的集体舞作品，而大班集体舞作品至少由两段音乐构成，一般具有三段或三段以上，这样的歌曲很少是学前儿童歌曲。鉴于此，用于音乐游戏的歌曲往往是少年歌曲、流行歌曲、动画片主题曲等。在开展音乐游戏的第一课欣赏活动时，需要学前儿童熟悉歌曲与所有动作表演，但对这类大型歌曲，学前儿童很难达到独立歌唱的水平，能达到跟着教师唱就行了。

3. 器乐曲也可以成为音乐游戏的作品

在进行音乐游戏设计时，选择器乐曲确实比歌曲需要付出更多的劳动。器乐曲不能给予教师直接、明确的表演情境与表演动作线索，表演情境与动作的设计依赖于教师对音乐作品形式元素特征的深度揣摩。鉴于此，用于学前儿童音乐游戏活动的音乐作品，歌曲往往多于器乐曲，但是，无论是经典器乐曲还是普通的器乐曲，都有可能成为音乐游戏的选材对象。

（二）音乐游戏内容的情境设计

规则游戏是通过竞争筛选出单独表演者从而使游戏循环，正是这种竞争性质使得规则游戏都具有比较刺激与激烈的时刻。有的传统规则游戏只有这种竞争特性，游戏就是围绕这种竞争性展开。如《抢沙坑》游戏，学前儿童数比沙坑数多一人，在游戏进行中占着沙坑的学前儿童必须换掉自己原有的沙坑，抢到新沙坑。在这种换与抢的过程中，一定会多出一个学前儿童没有沙坑。游戏的内容就是游戏规则，时刻充满竞争与刺激，游戏循环很快。有的传统规则游戏除必须具备的竞争性外，还富有情境性。如《丢手帕》游戏，学前儿童可以一边唱着歌一边玩，除丢手帕的学前儿童有事情做外，其余学前儿童要唱歌、要拍手，也有事情做，在这个阶段，游戏气氛是轻松的、悠闲的。只有当丢手帕的学前儿童把手帕丢出，拿到手帕的学前儿童快速去追丢手帕的学前儿童时，竞争性才显现出来，才到刺激与激烈的时刻。

学前儿童音乐游戏中的游戏既要有竞争性，又要有情境性，只有竞争性的游戏才更适合成为体育游戏。音乐是一门时间艺术，一首音乐作品一定需要一个时间段的绵延，在这个时间绵延过程中，需要有具体的东西对时间进行"叙事"，这种承载时间的东西就是游戏的内容情境。所以，学前儿童音乐游戏很像《丢手帕》这种传统游戏，是学前儿童边唱歌边做动作，同时还要竞争的一种游戏。

针对一个具体的音乐作品，最终让学前儿童做的是歌唱、欣赏、打击乐、集体舞还是音乐游戏，取决于教师对音乐作品的处理或设计。而所有设计的核心是音乐内容情境的挖掘，挖掘什么样的内容情境，如何去表现这种内容情境，决定了最终走向何种类型的音乐活动。对音乐游戏而言，内容情境包括全体学前儿童在音乐中所表演的动作与最后筛选单独表演者时的竞争规则两部分内容。音乐游戏内容情境的设计思路一般有以下三种。

1. 按歌词内容设计游戏内容情境

在音乐游戏过程中，全体学前儿童所做动作表现的是歌词内容，这是学前儿童音乐游戏设计中最常见的一种类型。

在具体的一个音乐游戏活动教案中，游戏内容情境通过两方面内容来呈现：第一，动作设计；第二，游戏玩法。这两部分内容合起来使得音乐游戏的内容情境非常丰富，游戏的内容情境越丰富，越吸引学前儿童。

2. 以器乐曲欣赏的方式设计音乐游戏内容情境

如果音乐游戏的作品是器乐曲,那么感受及欣赏这类作品就需要丰富的内容情境。在设计这类作品的内容情境表演方式时最好采用集体舞,当然最后必须要植入一个竞争游戏。

3. 一般游戏加规则游戏的双游戏内容情境

设计音乐游戏可以直接由集体舞演绎过来,但集体舞必须有内容情境。如果碰到没有内容情境的集体舞,又想演绎为音乐游戏,那么必须加一个内容情境进去。这种情况下,加的内容情境往往是做一个一般游戏。

（三）音乐游戏动作的设计

严格意义上说,音乐游戏中涉及的身体动作有两套:集体舞模型动作与游戏玩法动作。集体舞模型动作是本书所界定的学前儿童音乐游戏教育活动的突出标志。设计集体舞模型动作的价值在于:第一,需要通过这套动作的学习让学前儿童感受到音乐作品的音乐特征,尤其是句段结构特征;第二,为游戏玩法动作的学习打下基础,因为游戏玩法动作只是对集体舞模型动作的稍稍改变。

1. 集体舞模型动作的设计

音乐游戏的动作首先是集体舞动作,准确地说,属于集体舞教学中的模型动作范畴。无论是集体舞教育活动还是音乐游戏教育活动,都有模型动作的设计与学习。模型动作即原地动作,是在第一课时音乐欣赏环节教学必须完成的。从严格意义上说,音乐游戏的第一课时与集体舞活动的第一课时非常相似,都是模型动作的学习,音乐游戏与集体舞的区别在于第二课时。集体舞的第二课时是由模型动作走向队形变换与即兴动作,而音乐游戏的第二课时则是由模型动作走向游戏玩法动作。

一般而言,音乐游戏的模型动作设计主要有以下两种方式。

（1）按歌词内容设计模型动作。歌词内容设计模型动作的要求与歌唱活动中介绍的歌曲动作设计要求是一样的,主要包括:每句一个至两个动作,动作构成重复动作要有拍点等。

(2) 按集体舞设计思路设计模型动作。在集体舞教育活动这一章中,我们介绍了集体舞动作设计的要求,其中第一条就是讲模型动作的设计。音乐游戏中的模型动作设计与集体舞中的模型动作设计要求是一样的,主要包括三条:第一,每段音乐有固定的几个动作,这几个动作在逻辑上具有情节、类型等相关度,很容易从一个动作推断出其他动作;第二,动作具有重复性;第三,段与段之间的动作形成一定的对比。

2. 游戏玩法动作的设计

本章所谈的音乐游戏主要是具有竞争性规则的音乐游戏,一般竞争性规则在游戏活动的最后部分出现,竞争性规则出现前的游戏玩法其实就是歌曲或器乐曲的内容情境。所以,内容情境设计的三种思路就是游戏玩法的设计思路,也是游戏玩法动作的设计思路,这三者只是用不同的语言讨论着同一个话题,这里不再赘述。

二、音乐游戏的教学方法

根据音乐游戏的种类和儿童的年龄与实际水平的不同,音乐游戏的教学方法也不同。一般的教学步骤与方法可以概括如下:

介绍游戏的名称和内容;

教师示范;

儿童熟悉游戏中的音乐;

儿童学习游戏中的动作和歌曲;

带领儿童做游戏。

具体步骤可以根据实际情况变动,歌曲简单可以在玩中学会或者动作熟悉可以不必再学;也可以引导儿童根据音乐想象动作,最后教师再示范。

三、音乐游戏的指导及其教育作用

（一）音乐游戏的指导

1. 音乐游戏的指导原则

（1）娱乐性原则。学前儿童的音乐游戏就是让儿童在娱乐中学会欣赏音乐、准确地歌唱、富于表情和节奏感地表演律动以及创造性地表达对音乐的理解等，所以音乐游戏主要是以游戏为主，基本原则就是娱乐性。儿童在胡乱敲打乐器的游戏过程中，就会发现各种乐器音色的不同，用不同的方法敲击同一个乐器发出的声音也不同等，不知不觉中就激发了儿童探索的欲望。

（2）引导性原则。虽然音乐游戏是以儿童为主体，但是教师引导作用也是不可缺少的关键。

①计划。首先，根据儿童的年龄与实际能力来设计游戏的内容和主题；其次要调动儿童的兴趣和想象力，让他们参与设计音乐游戏。

②观察。游戏过程中，教师应该细心地观察儿童的表现，发现儿童的兴趣点，使游戏更具有指导性。

③参与。教师不能单纯地指导儿童进行游戏，一定要参与到游戏中，与儿童分享游戏的快乐，让儿童根据实际情况讨论并制定游戏规则。

④示范与鼓励。教师要在游戏过程中扮演多种角色，灵活地处理各种突发事件。例如，当儿童觉得游戏太难或者不想继续游戏的时候，教师可以扮演示范者的角色，鼓励儿童重新参与到游戏中。

2. 音乐游戏的指导内容

（1）自娱性音乐游戏的指导。

①创设丰富的音乐环境。自娱性音乐游戏是儿童自发性的游戏，需要丰富的音乐环境的支持才能发挥儿童的想象力来设计游戏

的内容和规则。在一般的托幼机构，音乐环境包括小舞台和音乐区。教师不仅要用各种材料装饰小舞台，而且需要定期更换装饰材料，不断调动儿童参与舞台活动的积极性；音乐活动区可以用各种儿歌、乐器、乐谱等的图片装饰，还要有各种贴有标签的盒子、衣服架等，方便儿童整理、收纳材料。

②采用隐性指导。自娱性音乐游戏自发、随机、趣味性的特点决定了教师的指导必须很少，但是不代表没有，教师可以通过提供音乐材料、间接引导等方式进行隐性指导。当儿童在操作材料上出现困难或者儿童之间出现自己无法协商解决的争执时，教师要适时介入指导。

（2）教学性音乐游戏的指导。

①激发儿童游戏的兴趣。首先要考虑游戏内容上的趣味性，其次要结合儿童的年龄特点和实际能力考虑游戏的难易程度。儿童对音乐的感知能力和表现能力是有差距的，教师在活动中要特别兼顾能力比较弱的儿童，让每个儿童都得到良好的发展。

教师的引导与情绪感染力是音乐游戏顺利开展和进行的关键，教师必须满怀激情和表现力，才能调动起儿童参与的兴趣与情绪。

②注重过程中的音乐体验。充分感受音乐能帮助儿童更好地进行游戏，所以在开展游戏的过程中要注重儿童对音乐的感知与体验。教师可以用音乐语言和动作、表情等，让儿童能够从多方面感觉、体验和理解音乐。日常生活中常有音乐氛围，也能帮助儿童在音乐游戏的过程中加深对音乐的体验。

③给儿童自我表现的机会。在儿童掌握了一定的技能并且表现出对音乐游戏的兴趣时，教师应该提供给他们自我表现的机会，满足他们主动参与的积极性和对音乐能力发展的追求。教师在组织游戏的时候要认识到儿童是游戏的主体，是游戏规则的遵守者和制定者，而教师仅仅是活动开展的引导者与参与者，所以不要压抑儿童的自我表现。

(二) 音乐游戏的教育作用

1. 促进情感发展

音乐可以陶冶儿童的性情,促进其积极情感的发展。在音乐游戏中,儿童一些无意识的随意动作逐渐变成完善、和谐的动作,儿童在重复进行这些动作的时候内心会有愉悦感,这种愉悦感会促使儿童在音乐中尽情地表达自己。有趣的音乐游戏能够激发儿童参与集体活动的兴趣,使其从中获得无限的快乐体验。一些音乐游戏所产生的情感影响,甚至可以成为一个人终身的精神财富。

2. 促进社会性发展

音乐游戏一般都是集体进行的,所以儿童在游戏中不可避免地要与伙伴之间、与教师之间进行人际交往。儿童可以在遵守游戏规则的基础上,逐渐学会与人合作、协商、分享等优秀品质。

3. 促进身体发展

音乐游戏是与身体运动紧密结合在一起的,在各种伴随音乐的动作游戏和打击乐器游戏中,儿童可以锻炼到身体各部分的肌肉、骨骼和韧带,同时神经系统的反应和协调能力、心肺器官的耐受力也得到发展。教师可以有意识地利用音乐游戏活动促进儿童身体的发展。

4. 促进认知发展

音乐游戏可以促进儿童语言、感知、记忆、想象力和创造力的发展。歌曲的演唱能扩大儿童音乐词汇的积累和记忆,听辨游戏和律动游戏可以发展儿童感官的敏锐性,儿童自娱性音乐游戏能够促进儿童想象力和创造力的发展。

参考文献

[1] 魏敏．学前儿童艺术教育音乐［M］．北京：高等教育出版社，2015．

[2] 孙丹青．音乐教育新探［M］．上海：上海社会科学院出版社，2021．

[3] 何雨梦．儿童音乐教育可拓学［M］．北京：九州出版社，2017．

[4] 王艺蓓．音乐教育与实践探究［M］．长春：吉林人民出版社，2019．

[5] 索丽珍，林晖，高妍苑．学前儿童艺术教育［M］．重庆：重庆大学出版社，2020．

[6] 尹爱青，曹理，缪力．外国儿童音乐教育［M］．上海：上海教育出版社，2011．

[7] 谢嘉幸，徐绪标．音乐教育的研究与实践［M］．上海：上海音乐出版社，2009．

[8] 许卓娅．学前儿童音乐教育［M］．北京：人民教育出版社，2010．

[9] 袁媛，徐丽琴，张满．学前儿童艺术教育与活动指导［M］．昆明：云南美术出版社，2019．

[10] 姚思源．论音乐与音乐教育［M］．北京：高等教育出版社，2004

[11] 刘俊萍，蓝四美，程丹．学前儿童艺术教育：双色版［M］．镇江：江苏大学出版社，2018．

[12] 闫丽娜. 音乐教育 [M]. 北京：中国戏剧出版社，2015.

[13] 舒京. 音乐教程 [M]. 北京：人民教育出版社，2004.

[14] 郭声健，罗红艳，杨丹. 音乐教育新概念 [M]. 长沙：湖南文艺出版社，2007.

[15] 熊伊. 音乐艺术与音乐教育 [M]. 北京：光明日报出版社，2017.

[16] 郝爽. 音乐艺术与音乐教学研究 [M]. 北京：现代出版社，2020.

[17] 齐易，张文川. 音乐艺术教育 [M]. 北京：人民出版社，2002.

[18] 苟丽娜. 现代音乐鉴赏与音乐艺术探索 [M]. 长春：吉林人民出版社有限责任公司，2020.

[19] 苏欣. 音乐艺术欣赏与音乐教育研究 [M]. 北京：北京工业大学出版社，2018.

[20] 宋薇. 学前儿童音乐教育与培养 [M]. 北京：现代出版社，2019.

[21] 贺绍华，邓文静. 学前儿童音乐教育 [M]. 北京：中央广播电视大学出版社，2017.

[22] 潘健，张孜，岳彩晨. 学前儿童音乐教育 [M]. 西安：西北工业大学出版社，2015.

[23] 高杰英. 学前儿童音乐教育与活动指导 [M]. 沈阳：东北大学出版社，2015.

[24] 曹冬. 学前儿童音乐教育活动指导 [M]. 北京：中国铁道出版社，2015.

[25] 赵中玉. 学前儿童音乐教育 [M]. 北京：中央广播电

视大学出版社，2014.

[26] 王秀萍. 学前儿童音乐教育［M］. 北京：中央广播电视大学出版社，2014.

[27] 黄瑾. 学前儿童音乐教育［M］. 上海：华东师范大学出版社，2001.

[28] 沈玉萍. 学前儿童音乐教育［M］. 南京：南京大学出版社，2018.

[29] 呙妮娅. 学前儿童音乐教育的策略［J］. 湖南教育（B版），2021（10）：59.

[30] 余米华. 学前儿童音乐教育的应用研究：以达尔克罗兹音乐教学法为例［J］. 教育观察，2021，10（24）：82-84.

[31] 武晶晶. 游戏在学前儿童音乐教育中的实践分析［J］. 北方音乐，2020（20）：133-135.

[32] 孙茜. 学前儿童音乐教育中多元智能发展的操作原则分析［J］. 课程教育研究，2020（16）：209.

[33] 吴晓是，杨杰. 谈"学前儿童音乐教育"课程教学设计［J］. 作家天地，2019（23）：186-187.

[34] 谢芳. 如何有效开展学前儿童音乐教育［J］. 北方音乐，2019，39（19）：220＋254.

[35] 李惠明. 关于学前儿童音乐教育中的方法探究与思考［J］. 新课程（综合版），2019（06）：180.

[36] 王倩倩. 学前儿童音乐教育研究［J］. 戏剧之家，2019（10）：193.

[37] 李咏云. 浅谈如何开展学前儿童音乐教育活动［J］. 黄河之声，2018（14）：121＋125.

[38] 陶丽娟. 构建有效的学前儿童音乐教育教学课堂［J］.

北方音乐，2018，38（02）：145-146.

[39] 李佳馨.学前儿童歌唱教学的研究［D］.长春：吉林艺术学院，2020.

[40] 林漫.论学前音乐教育的特殊功能［D］.昆明：云南师范大学，2018.

[41] 郑玉香.音乐教育对学前儿童发展的价值［D］.保定：河北大学，2004.

[42] 赵媛.学前儿童音乐感觉统合训练的实践研究［D］.天津：天津音乐学院，2013.